EXIL

Bettina Gruber

PHANTASTISCHE RÄUME

Das Politische Imaginäre in Zeiten des Misstrauens

edition buchhaus loschwitz

Impressum

1. Auflage 2023

Friedrich-Wieck-Straße 6, 01326 Dresden
www.kulturhaus-loschwitz.de

Satz und Gestaltung: werksatz dresden

ISBN 978-3-9825562-2-2

Die nicht diskursive, nicht theoretische, sondern bildhafte Kritik an den Verhältnissen bezeichne ich als "Phantastisches Analogon" – also die phantastische Entsprechung, die eine Zeit für ihre politischen, kulturellen und lebensweltlichen Verhältnisse findet, wenn sie darüber fabuliert.

Vorbemerkung

In dieser kleinen Studie spielen zwei Begriffe eine prominente Rolle: einmal der des Politischen Imaginären, der auch im Titel erscheint, sowie derjenige der Esoterik. Beide sind nicht deckungsgleich und verstehen sich auch nicht von selbst, sodass eine kurze Erläuterung dazu nötig ist. Ich verwende den Begriff des Imaginären im weitestmöglichen Sinn und ohne Rücksicht auf die komplizierte philosophische Geschichte von »Imagination« bzw. »Einbildungskraft« oder seine Verwendung in der Psychoanalyse. Er bezeichnet hier ganz allgemein einen Fundus an Bildern, wie Menschen sie spontan entwerfen oder aufgreifen, um sich die Verhältnisse, in denen sie leben, zu deuten. Da diese Bilder sich zu Sequenzen zusammenschließen, entstehen ganze Vorstellungswelten, womit ein erzählerischer Aspekt hinzutritt und das rein Bildliche überschritten wird. Die naheliegende Entsprechung sind Comics, Filme und Computerspiele. Diese Vorstellungen sind von Interesse, weil es sich nicht um individuelle Phantasien handelt, sondern im Gegenteil sich erkennbare Muster und Motive herauskristallisieren, die eine magnetische Anziehungskraft auf bestimmte

Gruppen ausüben. Es liegt auf der Hand, dass dies im Feld des Politischen eine zentrale Rolle spielt. Der Bereich des Politischen Imaginären hat viel mehr Aufmerksamkeit verdient, als er erfährt. Ihn als eine Form der Entgleisung zu betrachten, ist ein Missverständnis. Menschen treffen politische Entscheidungen nur sehr bedingt aus rationalen Gründen, am ehesten wohl dort, wo Überlebensinteressen tangiert werden. Dass auch diese ausgehebelt werden können und ausgehebelt werden, zeigt der Blick auf die lange und sich unausgesetzt fortschreibende Geschichte williger Opfer für politische oder religiöse Heilslehren. Die Frage »Gibt es überhaupt eine Politik jenseits des Imaginären?« ist also absolut berechtigt.[1]

Weiterhin ist klar, dass das Politische Imaginäre historischen Veränderungen unterliegt. Zwar gibt es Motive, die mit großer Hartnäckigkeit wiederkehren: Vergleichbare endzeitliche Vorstellungsmuster verbinden radikal Klimabewegte mit mittelalterlichen Chiliasten, Transideologen mit ihrer Idee einer Seele »im falschen Körper« pflegen, wenn man so will, eine moderne Variante der Gnosis. Beides wurde in letzter Zeit mehrfach angemerkt. Nachrangig ist dabei, dass der Referenzrahmen einmal religiös und einmal (pseudo) wissenschaftlich ist, da beides auf einer Annahme auf Treu und Glauben basiert.

Trotz dieser Wiederholungsstrukturen gibt es natürlich Unterschiede und immer wieder neue Konstellationen. Und eine solche neue Konstellation scheint sich mir in den letzten Jahren gebildet zu haben, verstärkt und beschleunigt durch die in der Corona-Krise ergriffenen Maßnahmen. In Teilen der sozialen sowie in den alternativen Medien auf der einen und in den etablierten Medien sowie im dominanten politischen Diskurs auf der anderen Seite entstanden, symmetrisch wie die Flügel eines Schmetterlings, zwei in Inhalt und Stil unterschiedliche imaginäre Komplexe. (NB: Das Adjektiv »imaginär« besagt hier keineswegs, dass diese automatisch keine Realitätselemente enthalten würden, wie im Lauf der Lektüre deutlich werden sollte.) In der Folge betrachte ich einen dieser beiden Flügel, nämlich den der »Schwurbler«, »Querdenker«, »gefährlichen Esoteriker« und so fort. Der andere, maßnahmenkonforme und Status-quo-treue ist durchaus ebenfalls der Betrachtung wert, war mir aber zu langweilig. Wer das »Politische Imaginäre in Zeiten des Misstrauens« insgesamt überblicken will, kommt freilich um eine Untersuchung nicht herum. (Interessante Beobachtungen dazu finden sich auf der Seite des pseudonymen Bloggers Eugyppius.)

In den Bereich des Politischen Imaginären fallen auch bestimmte Motive und Tendenzen der modernen Esoterik (aber sicher nicht diese als Ganzes). Was heißt das und warum »modern«? Esoterik ist ein unscharfer Begriff, der in den letzten Jahren zusätzlich gedehnt worden ist, um darin in positiver oder negativer Absicht alle möglichen und unmöglichen, als »irrational« oder »spirituell« verstandenen Praktiken unterbringen zu können. Diese inhaltlichen Bestimmungsversuche führen meist nicht weiter und behalten etwas Beliebiges. Grundlegend handelt es sich bei Esoterik aber immer um einen Versuch, Glauben und Wissen in Einklang zu bringen. Das Wissen kann dabei durch Initiation (etwa in eine Geheimgesellschaft, oder aber als Selbstinitiation durch Lektüre, heute durch entsprechende Medienkanäle) oder durch Inspiration, also Eingebung, erworben werden und erhebt den Anspruch, ein tieferes und vollständigeres Bild der Welt zu bieten, als es uns im Alltag zur Verfügung steht. Sehr häufig ist das zentrale Element jenes, das ich den »Mythos vom alten Wissen« genannt habe, nämlich die Berufung auf ein als überlegen aufgefasstes Wissen, etwa der alten Ägypter, grauer Ahnen oder irgendwelcher Naturvölker. Diese Wissensbestände sind oft ein Produkt literarischer Phantasie und gehen verschiedentlich wieder in phantastische Literatur und Kunst über, mit dem Unterschied, dass sie »zwischendurch« einen transzendenten Wahrheitsanspruch erheben. Esoterik ist also keineswegs identisch mit Aberglauben, sondern setzt eine gewisse Bildung voraus, was sich in dem Eklektizismus ausdrückt, mit dem Elemente aus unterschiedlichsten kulturellen Beständen aufgegriffen und durcheinandergewirbelt werden. Das zweite invariante Bestimmungsstück neben dem ehrwürdigen Ursprung ist der Anspruch, dieses Wissen sei ein »ganzheitliches«, also totales, da es eine irdische und eine spirituelle Sphäre übergreife und damit dem bloß materialistischen Wissen der Wissenschaft überlegen sei.

An dieser Stelle kommt das Adjektiv »modern« ins Spiel, denn: Während die ältere Form esoterischer Rede eine Art mehr oder weniger arkaner Naturphilosophie darstellt, die höchstens mit der Theologie kollidieren kann (aber nicht muss), ist offensichtlich, dass die moderne Esoterik sich primär in einer Frontstellung zur (Natur)Wissenschaft befindet. Man kann sogar sagen, dass sie aus dieser Frontstellung *hervorgeht,* denn sie entsteht im Zuge eines kulturkritischen Protests gegen aufklärerische und positivistische Verkürzungen und gegen den Alleinvertretungsanspruch der Wissenschaften. Sie ist insofern ein Produkt moderner Macht- und Wissensverhältnisse, und dass es sie gibt, ist kein Zeichen von »Rückständigkeit« – »Wie kann man *das* im 20. Jahrhundert noch glauben!« usw. usf. –, sondern ein Hinweis darauf, dass diese Verhältnisse elementare Bedürfnisse dauerhaft unerfüllt lassen. Solange diese sind, wie sie sind, kann Esoterik also nicht durch »bessere Bildung«, »mehr Aufklärung« oder sonstige volkspädagogische Postulate überholt werden.

Mit den Ansprüchen an Wissen, die esoterische Lehren formulieren (man denke als klassische Beispiele an die Theosophie und die Anthroposophie), geraten sie zwangsläufig an verschiedenen Ecken und Enden in den Bereich des Politischen, meist in Form ideologischer Affinitäten. Dann treten sie in den Raum des Politischen Imaginären ein. Wie es sich damit verhält, werden wir betrachten.

Das große Misstrauen und seine Gründe: Warum sich das Politische Imaginäre verändert

1. Pandemie als Medienereignis

»Die Chroniken, die die Pestepidemien beschreiben, sind ein wahres Gruselkabinett. [...] Ein Zeitgenosse beschreibt die Stadt Marseille im Jahre 1720 folgendermaßen: Die ›todbringenden Ausdünstungen‹ kommen aus den Häusern, in denen die Leichen verwesen, sie steigen von den Straßen auf, die voller Matratzen, Decken, Wäsche, Lumpen und aller Arten von verfaulenden Abfällen liegen. In den mit Leichen überfüllten Gräbern sieht man ›monströse Körper, die einen aufgetrieben und kohlschwarz, andere ebenfalls aufgetrieben, aber blau, violett oder gelb, die alle einen entsetzlichen Gestank verbreiten, aufgeplatzt sind und eine Spur fauligen Blutes hinter sich lassen.‹ Eine Pestepidemie war also selbst für die Überlebenden ein psychisches Trauma [...]. In Daniel Defoes *Bericht vom Pestjahr* steht, daß man ›kaum durch die Straßen gehen konnte, ohne auf hier und da herumliegende Leichen zu stoßen.‹«[2] Der italienische Romancier Alessandro Manzoni erwähnt in seinen *Verlobten*[3] die Notwendigkeit, sich in den Straßen des pestgeplagten Mailand vorsichtig und möglichst mittig zu bewegen, weil Leichen aus den verbarrikadierten Häusern auf die Straße geworfen wurden.

Kommt uns das bekannt vor? Hat das *irgend etwas* mit den Erfahrungen des breiten Publikums in Zeiten von Corona zu tun? Überhaupt nicht. Der entscheidende Unterschied zu unserem Pandemie-Erleben sind *die Sichtbarkeit und die sinnliche Wahrnehmbarkeit der Krankheit,* der man in der Vergangenheit nicht ausweichen konnte. An die Stelle der penetranten, erschütternden und aufdringlichen Wahrnehmbarkeit treten nun die *Sichtbarkeit der Maßnahmen* und eine rein mediale Sichtbarkeit der Krankheit. Dies treibt zwangsläufig irgendwann die Frage nach der Realität der Pandemie hervor. Die Schockbilder aus Bergamo (ein Militärkonvoi, der angeblich Leichen transportiert haben soll, und eine Leichenhalle mit sich scheinbar endlos erstreckenden Sargreihen) sollten darauf eine eindrückliche und einschüchternde Antwort geben. Aber die Bilder blieben Bilder, eine vermittelte und fälschungsanfällige Form der Wahrnehmung. Tatsächlich stammte das Foto mit den Särgen aus dem Jahr 2013 »und zeigt die in einem Flughafen-Hangar aufgereihten Särge ertrunkener Boots-Flüchtlinge aus Lampedusa.«[4]

Die Pandemie trat also durch eine mediale Beschwörung ins Bewusstsein des breiten Publikums, das weder im medizinischen Bereich noch im Bestattungswesen tätig war. Sie entstand als soziales Phänomen unter dem Gesetz der Wiederholung und der hypnotischen Bannung der Aufmerksamkeit: auf allen Kanälen täglich und abendlich in den Fernsehnachrichten raunende Stimmen, die Fürchterliches prophezeiten und Zahlen von sich gaben, deren Richtigkeit oder Sinn kaum jemand abschätzen konnte. Die Krankheit als Krankheit gerann nicht zur Massenerfahrung. Sie blieb ein Flimmern auf den Bildschirmen, eine Häufung von Diagrammen, eine Litanei von Inzidenzen, eine Behauptung, der man glauben musste. Dieses Problem hatten die bedauernswerten Opfer und Zeugen historischer Seuchenausbrüche offensichtlich nicht. Dass trotz dieser fehlenden Alltagsevidenz von einer Pandemie die Rede sein konnte, hat mit einer *Setzung* zu tun, nämlich der Definition des Begriffs durch die WHO, was zu dem nicht ganz fernliegenden Vorwurf führte, die Pandemie sei »herbeigetestet« worden. Aussagen wie die des damaligen österreichischen Bundeskanzlers Sebastian Kurz, bald werde jeder jemanden kennen, der an Corona gestorben sei, haben sich nicht im Entferntesten bewahrheitet. Auch die düstere Prophezeiung Karl Lauterbachs und vor ihm Jens Spahns, der zufolge bis Anfang März 2022 jeder entweder geimpft, genesen oder verstorben sein werde, trat nicht ein, sondern wurde zu einem geflügelten Wort, mit dem in den sozialen Medien diese Art von Kaffeesatzleserei ironisiert wurde. Die längste Zeit erfolgte nicht einmal eine Unterscheidung, ob jemand »an« oder »mit« Corona verstorben war – das heißt, die Zahlen der als Corona-Toten Gezählten blieben schimärisch und sind es immer noch.

Ob man diese Nebelhaftigkeit auf ein modernes, lautlos und unsichtbar arbeitendes Krankenhauswesen zurückführt, das die Todesfälle hinter einem antiseptischen Paravent verschwinden lässt, oder ob man (wie viele Kritiker) der Meinung ist, es habe niemals einen Pandemiefall gegeben, ist egal. Der Effekt ist der gleiche: Entlang dieser lebensweltlichen Ungreifbarkeit spaltete sich die Öffentlichkeit mit verblüffender Geschwindigkeit in zwei Teile, von denen der größere die offizielle Version (Realität einer gefährlichen Pandemie und alleinige Rettung durch eine neuartige Impfung) akzeptierte, während eine Minderheit den Glauben verweigerte.

Aber der Mediencharakter des Pandemieereignisses bildet nur die *Voraussetzung* für die Spaltung in zwei verfeindete Lager. Er ist eine notwendige, keine hinreichende Bedingung. Dieser Meinungsverschiedenheit wurde nämlich nicht gestattet, genau das zu bleiben: eine Meinungsverschiedenheit. Von den Medien systematisch angeheizt, eskalierte sie zu einer *Glaubensfrage,* was durch die Tatsache, dass beide Lager sich mit Studienergebnissen und Zahlen (»Fakten«) bewarfen, kaum verdeckt wurde. Die an sich völlig weltanschauungsindifferenten Fragen, ob und wie schwer Menschen an Corona erkranken, ob und wie sehr die Impfung schütze oder schade und ob es medikamentöse Alternativen gegeben hätte, wurden in den Rang von Bekenntnissen erhoben. Die Corona-Jahre waren eine Orgie von Widersprüchen, von impliziten und expliziten Drohungen, von Prognosen, die nicht eintrafen, und Fakten, denen in einem Gewitter von Studien und Gegenstudien jeder Tatsachencharakter abhanden kam.

Wie immer Wissenschaftshistoriker in fünfzig oder hundert Jahren, wenn Verstrickungen und persönliche Interessen erloschen sein werden, den medizinischen Umgang mit Corona beurteilen werden, eines steht fest: Den medialen und politischen Umgang damit kann man nur als eine kommunikative Katastrophe bezeichnen, in der obrigkeitliche Kommunikation zum absichtsvollen Verwirrspiel wurde. Staaten und Behörden, die sich Derartiges herausnehmen, geraten ins Zwielicht und verlieren ihre vertrauten Konturen. Wer etwa lesen musste, dass das Innenministerium eigens ein Papier verfasst hatte, das die Ängste der Bürger schüren sollte, um sie gefügig zu machen, dessen Bild vom wohlwollenden Staat hat irreparabel

Schaden genommen.[5] Beunruhigend ist nicht die Existenz sogenannter Querdenker, sondern die Tatsache, dass es nicht noch viel mehr von ihnen gab.

Eine nicht kleine Minderheit begann daraufhin, ihre eigenen Erklärungsmuster und Narrative zu entwickeln, einige sehr rational, faktengestützt und plausibel, andere esoterisch, alptraumhaft oder phantastisch bis zum Surrealen. Bei Letzteren handelt es sich um intuitive Reaktionen auf eine bedrohliche Lage, die nicht zu einer rationalen, diskursiv verfahrenden Kritik gerinnen, und um sie geht es in dieser kleinen Studie. Über all diese abweichenden Narrative, bei denen es sich, mit einer schönen Formulierung von Jean Starobinski zu sprechen, »um die imaginäre Lektüre eines historischen Augenblicks« und damit um einen kreativen Akt handelt, wurde wie eine Decke, die ein Feuer ersticken soll, der Begriff der »Verschwörungstheorie« gebreitet. Das allerdings wird nicht helfen, sie aus dem Bewusstsein der Menschen zu verbannen. Denn noch die exzentrischsten Motive haben einen Grund in der Realität. Das Misstrauen, das sich in dieser neuen politischen Phantastik spiegelt, kann die verzerrten Formen einer halb religiös, halb literarisch-popkulturell inspirierten Gegenwelt annehmen und sich durchaus auch als Ressentiment äußern, aber es hat – anders als die offizielle Diskreditierungsrhetorik behauptet – sehr gute Gründe.

Die wachsende Distanz größerer Bevölkerungsgruppen zu einer verordneten Realitätswahrnehmung ist nämlich keineswegs erst durch Corona entstanden. Der Umgang mit den Freiheitsrechten der Bürger und die (auch vor den Enthüllungen der sogenannten Twitter-Files) mit Händen greifbare Zensur in den sozialen Medien vergrößerten lediglich einen Riss, der sich bereits abgezeichnet hatte und nun die Form eines Abgrunds annahm. Welche Faktoren haben also im Vorfeld von Corona eine Rolle gespielt?

Ich greife drei zentrale Elemente heraus: die *postdemokratischen Tendenzen,* die sich, ideologisch gestützt von einer apokalyptisch gestimmten Intelligenz, seit langem abzeichnen, die Entwicklung und Bewerbung *körperinvasiver Technologien,* bei denen Medizin- und Überwachungstechnik auf unheimliche Weise ineinanderfließen, und schließlich die *Position der Wissenschaft,* deren Verhältnis zur Politik aus systemischen Gründen grundsätzlich problematisch ist.

2. Postdemokratische Entmächtigung

»Staunend erleben wir die ebenso grundlegende wie rasante Transformation der uns bekannten Welt und die Errichtung einer neuen Form von Zwangsherrschaft. Es handelt sich dabei weder um eine evolutionäre Entwicklung, die ohne den Einsatz von

Zwangsmechanismen durch konkret identifizierbare Akteure gewissermaßen ihren natürlichen Lauf nehmen würde, noch, im engeren Sinne, um eine Revolution, die typischerweise mit dem Umsturz einer bestehenden politischen Ordnung und Führung einhergeht. Denn das Projekt einer fundamentalen Umwandlung des Menschen und seiner Daseinsform (nicht etwa ›nur‹ der politischen und gesellschaftlichen Ordnung), um das es hier geht, wird gewissermaßen von oben nach unten und nicht *gegen* das herrschende System und seine Hierarchien, sondern mit ihnen und *durch* sie verwirklicht. Es ist das Machtprojekt einer Allianz zweier nur auf den ersten Blick ungleicher Partner, die in der Wirtschaft und der Kultur schon längst eine hegemoniale Stellung erreicht haben und sich nun anschicken, die totale Herrschaft zu erringen. Wir befinden uns in einer Transitzone zwischen einer Phase relativer Freiheit und einer neuen Zwangsherrschaft. Schon bald werden wir mit Byung-Chul Han konstatieren müssen: ›Die Freiheit wird eine Episode gewesen sein.‹«[6] Diese »Allianz« von linksliberaler (»kulturmarxistischer«) Ideologie und Marktinteressen überschneidet sich mit dem, was der linke Wirtschaftswissenschaftler Thomas Piketty als »Hyperkapitalismus« bezeichnet und als eine Verflechtung der staatlichen Institutionen mit großen Unternehmen definiert, die den Staat mehr oder weniger erdrosselt – einerseits, denn offensichtlich wachsen ihm durch die Umarmung der transnationalen Konzerne auch ganz neue Machtoptionen zu: Was entsteht, ist eine hybride Herrschaftsinstanz, die das Zeug dazu hat, jegliche Demokratie in ihrer Umarmung zu ersticken.

Dabei verschafft eine allumarmend-menschenfreundliche Symbolik, glücklich verbildlicht im allgegenwärtigen Regenbogen, der »Zeitenwende« (so die neue Sprachregelung, nachdem Klaus Schwabs Wortprägung »Great Reset« offenbar zu große Antipathien erregt hat) ein sympathisches Gesicht.[7] Harmlosigkeit und Freundlichkeit zu suggerieren ist unabdingbar in einem Herrschaftssystem, das auf unmittelbare Gewaltausübung verzichtet und daher umso mehr auf Propaganda angewiesen ist. Die Vorstellung einer besonders innigen Verbindung von Demokratie und Propaganda mag überraschen, aber zu dem Schluss, dass Demokratien das eigentliche Spielfeld für Propaganda sind, kommen so unterschiedliche Denker wie Noam Chomsky und Jacques Ellul: »Indoktrination ist keineswegs inkompatibel mit der Demokratie. Vielmehr ihre Essenz. Ohne Knüppel, ohne Kontrolle durch Gewalt, muss man das Denken kontrollieren. Dazu greift man zu dem, was in ehrlichen Zeiten Propaganda genannt wurde«,[8] so der als Kritiker des Vietnamkriegs berühmt gewordene Linguist Chomsky. In seinem Klassiker *Propaganda* formuliert der Jurist,

Philosoph und christliche Anarchist Ellul den Sachverhalt so: »Es ist eine bemerkenswerte und recht erstaunliche Tatsache, dass große moderne Propaganda ihren Anfang in demokratischen Staaten genommen hat. [...] Sie lässt sich insofern nicht vermeiden, als Demokratie einen Appell an die Meinung und den Wettbewerb zwischen mehreren Parteien voraussetzt.«[9]

Die Tendenz zur Unterhöhlung und schließlichen Ablösung der Demokratie, die sich hier ausdrückt, ist schon seit langem bemerkt und kritisiert worden, drang vor Corona aber gerade in Deutschland allenfalls schleichend ins Bewusstsein größerer Bevölkerungsgruppen. »Der Begriff Postdemokratie ist im Deutschen nicht geläufig, sowenig wie die Vorstellung von einer ›Nachdemokratie‹, einem ›nachdemokratischen Zeitalter‹, in dem die seit Beginn des 20. Jahrhunderts, seit dem Ende des Ersten oder Zweiten Weltkriegs oder seit 1989 allgemein akzeptierten politischen Grundsätze nicht mehr gelten werden. [...] Es gibt etwa Umfrageergebnisse, denen man entnehmen darf, daß nicht einmal fünfzig Prozent der Bundesbürger die Demokratie für fähig halten, die großen Probleme zu lösen. Die Volksparteien CDU und SPD leiden seit langem an personeller Auszehrung, und an manchen Wahlen [...] beteiligen sich nur noch zwei Drittel der Stimmberechtigten. Dazu kommen Verfallserscheinungen in der Politischen Klasse,

Zweifel an deren Elitenrekrutierung und das Problem des strukturellen Demokratiedefizits, das die Europäische Union kennzeichnet.«[10] So fasste Karlheinz Weißmann schon 2009 die Lage zusammen. All diese Untergrabungstendenzen haben sich seitdem deutlich verschärft, da sowohl die Globalisierung als auch der in ihrem Kielwasser gewachsene Einfluss von Nichtregierungsorganisationen zugenommen hat.

Was bedeutet das nun für Menschen, die sich mit diesen Ideologien nicht identifizieren können und ein analytisches oder auch bloß intuitives Bewusstsein dieser Lage entwickelt haben? Objektiv bedeutet die Gefährdung von Nationalstaatlichkeit für den Bürger einen Machtverlust. Er wird gewissermaßen ins Nichts der globalisierten Welt hinausgeschleudert. Seine Wählerstimme beeinflusst immer weniger, sein Ansehen wird durch die offizielle Ideologie herabgesetzt, seine Existenz als Staatsbürger entwertet. Das Imaginäre des Bürgers eines durch Globalisierung kastrierten Staatswesens ist notwendig ein anderes als das des Bürgers eines selbstbewussten Nationalstaats. Von der ethnischen Zugehörigkeit über die eigene Geschichte bis zum Geschlecht unterliegt schlichtweg alles einer symbolischen Enteignung. Dass die Funktionseliten, die als Herolde der herrschenden Entgrenzungsideologie auftreten, von größeren Bevölkerungsgruppen als feindlich wahrgenommen werden *müssen*, ist offensichtlich. Entgegen der verlogenen »linksliberalen«

Selbststilisierung als »offen«, »tolerant« und »divers« ist dies begründet, denn deren Diversität schließt das Normale, Lokale und Traditionelle beharrlich und aggressiv aus. »Elitenfeindliche« Diskurse sind die Reaktion auf eine vorangegangene Feinderklärung, auf eine verblasene, pseudo-universalistische Ideologie, für die autochthone Europäer oder weiße Amerikaner im besten Fall eine Verschiebemasse darstellen.

3. Invasive Technologien – der Feind im eigenen Körper

Zur postdemokratischen Entmächtigung und Entortung kommt die Bedrohung durch futuristisch anmutende Technologien hinzu, die Erstere verschärft und deren Umsetzung erleichtert. Von Robocop-Hunden, die in Shanghai die Bevölkerung einschüchtern, über 750 Millionen gentechnisch veränderter Moskitos, die die britische Firma Oxitec in Florida freisetzen darf, bis zu Nano-Robotern, die in den menschlichen Körper eingebracht werden sollen, eröffnet sich ein Panoptikum des zutiefst Bedrohlichen.[11] Man muss keineswegs Paranoiker sein, um sich beunruhigt zu fühlen. Die Beanspruchung einer Totalkontrolle über technologisch unterworfene Bevölkerungen – nicht nur von außen, sondern nun auch noch aus dem Inneren des eigenen Körpers – ist objektiv eine Bedrohung und psychologisch ein Alptraum. Dass invasive Technologien große medizinische Möglichkeiten zu bieten scheinen, also auch ein Versprechen darstellen, ändert daran nichts.

Ein Beispiel für die Kolonialisierung der Körper ist die Entwicklung sogenannter Xenobots, winzig kleiner Bioroboter, also biologischer Organismen, die sich nun reproduzieren können. Geplant ist, sie »einmal in Menschen einsetzen zu können, etwa um Insulin zu produzieren, oder Verletzungen am Rückenmark zu reparieren.« Perspektivisch sollen sie später in Pillenform verschluckt werden können und sich durch den Körper bewegen, um Krebszellen zu entdecken oder Medikamente exakt an ihren Einsatzort zu bringen.

Was nach Heilungsversprechen klingt, hat schon jetzt eine Kehrseite. Mittlerweile können sich die künstlichen Organismen nämlich bereits reproduzieren: »Herausgekommen sei dabei eine Art halber Torus, der aussieht wie Pac-Man mit offenem Mund. Habe man die in eine Petrischale mit Stammzellen getan, hätten sie damit begonnen, diese zu Klumpen zusammenzuschieben, aus denen sich spontan neue Xenobots gebildet hätten. Bis zu fünf Generationen dieser neuen runden Xenobots seien so erschaffen worden.«[12]

Der Rezipient habe damit nicht nur einen artifiziell produzierten Biocomputer, sondern ein fortpflanzungsfähiges Mikrolebewesen in sich ... »›Diese

Angst ist nicht unvernünftig‹, sagt der Co-Entwickler, der Biologe Michael Levin. ›Wenn wir anfangen, mit komplexen Systemen herumzuspielen, die wir nicht verstehen, werden wir mit unbeabsichtigten Folgen konfrontiert sein.‹«[13] Solche Warnungen scheinen allerdings weniger und weniger eine Rolle zu spielen – ein Zeichen dafür, dass die hochgepriesenen Bürgerrechte auch in den westlichen Staaten zunehmend als lästiger Hemmschuh für technologische und ideologische Entfaltungswünsche gesehen werden.

Man macht sich gerne über 5G-Gegner und andere Besorgte, die sich vom Unsichtbaren der Technik bedroht fühlen, lustig. Was dabei aus dem Blick gerät ist, dass diejenigen, die diese Techniken überschwänglich anpreisen, regelmäßig Szenarien entwerfen, die mit denen ihrer Kritiker nahezu identisch sind, ja, dass Verfechter und Kritiker in einer Person vereint sein können. Yuval Noah Harari spricht an verschiedenen Stellen über das »Hacken von Menschen durch Bildschirme«. »Einen Menschen zu hacken, heißt: ihn besser zu verstehen und zu durchschauen, als er selber das vermag. Früher oder später werden verschiedene Instanzen, seien es nun Unternehmen oder Staaten, die Gefühle, Wünsche, Ängste und Gedanken der Menschen mithilfe von Algorithmen ermitteln können. Die Folgen liegen auf der Hand: Wer die inneren

Regungen der Menschen kennt, kann ihre Handlungen antizipieren. Und ihre Begehren natürlich auch manipulieren. Letztlich werden diese Instanzen also immer mehr Entscheidungen an unserer Stelle treffen, weil sie unsere inneren Abläufe absolut perfekt erfassen. [...] Die Technologien, die in uns eingreifen können, sind da. Als wir uns noch nach Ähnlichkeiten mit Uhrwerken befragten, gab es keine Möglichkeiten, die menschliche Maschine umzupolen. Das ist jetzt zum allerersten Mal der Fall, und um dieses Problem müssen wir uns dringender kümmern als um die gewiss interessanten philosophischen Fragen. Wir haben keine Zeit zu verschwenden. Daher täten wir meiner Meinung nach gut daran, die Philosophie eine Weile lang beiseitezulassen und den Fokus auf das zu richten, was hier und heute geschieht und täglich extremer wird«[14] Harari sagt damit nichts anderes als das, was in vielen »Verschwörungstheorien« behauptet wird. Was er »Dataism« nennt, läuft auf eine perfekte Versklavung hinaus, die jede historische Form der Sklaverei als harmlos erscheinen lässt: Sollte es diesem gelingen, die Welt zu erobern, so könnten Menschen »von Ingenieuren zu Computerchips und dann zu bloßen Daten« reduziert werden »und sich schließlich im Strom der Daten auflösen wie ein Klumpen Erde in einem tosenden Fluss. Dataism droht so, mit dem Homo sapiens zu tun, was dieser mit allen anderen Tieren getan hat. Dann wären wir dazu verdammt, mit den Mammuts und chinesischen Flussdelfinen in Vergessenheit zu geraten. In der Rückschau wird die Menschheit nur eine kleine Welle im kosmischen Datenfluss gewesen sein.«[15]

Das schließt an die Gattung der großen apokalyptischen Vision an, die immer auch eine Drohrede ist. Mit dem Hinweis auf das Leid, das der Mensch anderen Kreaturen zufügt und nun selbst erleiden müsse, ist es auch eine Rachephantasie. Der Mensch, der sich als Erdklumpen oder als kleine Welle im rauschenden Datenstrom auflöst, erinnert wohl nicht zufällig an den Schluss von Foucaults *Ordnung der Dinge,* wo der Mensch »verschwindet wie am Meeresufer ein Gesicht im Sand«. Die antihumanistische Pointe und das zugehörige Pathos vom Ende der menschlichen Geschichte teilt Harari mit dem Postmodernisten Foucault.

Ob der Verfasser nun mahnt oder die Entwicklung feiert – er zieht die rhetorischen Register des Erhabenen, zu dem traditionell der große Blick über die Geschichte von erhöhter Warte aus gehört. Der Technologiefanatiker ist ein begnadeter Erzähler, der suggeriert, im Besitz universeller wissenschaftlicher Kenntnisse zu sein – etwas, das seit mindestens zweihundertfünfzig Jahren nicht mehr möglich ist. Offenbar halten manche der von ihm als Fakten präsentierten Aussagen einer Überprüfung nicht stand – ein Artikel in der Zeitschrift *Current Affairs* spricht gar von gefährlicher »populistischer [!] Wissenschaft«.[16] Handelt es sich bei Harari um einen Cagliostro des Transhumanismus?

Die Pointe ist auch hier wieder, dass es gleichgültig ist, ob man diese Frage mit Ja oder Nein beantwortet. Erstens: Auch reine Fiktionen erzeugen ein mächtiges Echo im kollektiven Imaginären, wenn sie an eine reale Problematik rühren. Diskurse sind in der Welt und wirken. Zweitens: Was, wenn es als Kritik oder Warnung daherkommt, als Verschwörungstheorie bezeichnet wird, findet, positiv gewendet, den Beifall der Mächtigen,[17] die sich in Hararis schillerndem Traum von totaler Machbarkeit, Bestimmbarkeit und Überholbarkeit des Menschen spiegeln. Sein Vokabular, mag es das eines Träumers sein oder nicht, findet sich eins zu eins in den Äußerungen führender Vertreter von Technologie-Konzernen wieder: Es gibt nicht nur ein intellektuelles und ideologisches, sondern ein ganz handfestes ökonomisches Interesse an der Verwirklichung dieser Perspektiven. Sie verlassen damit den literarischen, ästhetischen oder kulturkritischen Raum der Phantasie und treten auf beunruhigende Weise in den des morgen oder doch demnächst Möglichen ein. »Egal ob Samsung, Oppo oder Huawei: Alle träumen bereits jetzt von der Zukunft in Form von 6G und den damit neu verfügbaren Technologien. [...] Auch laut Samsung ist man bereits so weit, über die 6G-Zukunft zu sprechen. ›Wir erwarten, dass 6G durch die nächste Stufe der Hypervernetzung den Menschen völlig neue Erfahrungen ermöglichen wird. Diese Idee ist die Grundlage für unsere Vision von 6G‹, sagte Sebastian Peung, Präsident und Leiter von Samsung Research, in einer Presseaussendung. Der südkoreanische Techkonzern sieht in der ›hyperverbundenen Erfahrung‹ ebenfalls die Zukunft dieses Standards. Auch wenn man zur Einführung vielleicht noch bis ins Jahr 2030 warten müsse, liefen die Vorbereitungen dafür bereits auf Hochtouren. [...] Auch Nokia geht von einer kommerziellen Einführung von 6G im Jahr 2030 aus. Bis dahin seien außerdem Smartphones mit Sicherheit nicht mehr die ›gebräuchlichste Schnittstelle‹, stellte Nokia-Chef Pekka Lundmark bei seiner Rede am diesjährigen Weltwirtschaftsforum fest. Man müsse weiterdenken, etwa an Smartglasses und andere Geräte, die man wohl auf dem Gesicht tragen werde. ›Viele dieser Dinge werden direkt in unseren Körper eingebaut‹, so Lundmark.«[18]

Dieser Artikel allein würde reichen, um ganze Schwärme von »Verschwörungstheorien« ins Recht zu setzen. Besonders alptraumhaft ist die quasiparasitäre Übernahme des Körpers von innen. Die Formulierung, man werde »den Menschen völlig neue Erfahrungen ermöglichen«, beschönigt, dass »den Menschen« diese Erfahrungen de facto aufgenötigt werden und dass über diese einschneidende Modifizierung des menschlichen Erfahrungsraumes in keinem Forum abgestimmt werden kann. Konnte sich der Einzelne der Computerisierung und dem Mobiltelefon bislang kaum entziehen, so wird er das bei wachsenden Vernetzungsgraden noch viel weniger können. »Hyperverbunden« bedeutet nichts anderes als hyperkontrolliert. Die Datenbeauftragten können dann schon einmal ihr Bündel schnüren, denn mit der zu schützenden Privatsphäre ist es vorbei. Die selbstgewisse Aussage, man müsse vielleicht (!) bis 2030 warten, zeigt, wie unmittelbar die Verwirklichung dieser Entwicklungen erwartet wird. Mit der anvisierten Implantierung in den Körper geht es noch einen Schritt weiter. Der Nokia-Chef spricht nicht etwa davon, dass derjenige, der das wolle, sich »diese Dinge« (die Vagheit bildet einen weiteren psychologischen Unsicherheitsfaktor) einbauen lassen *könne,* nein, er erklärt ohne Umschweife, sie »*werden* in unseren Körper eingebaut«. Die in diesen Kreisen durchweg gepflegte kategorische Redeweise lässt jede Vorstellung vom Selbstbestimmungsrecht über den eigenen Körper wie eine Idee aus einem anderen Universum erscheinen. Mit der Möglichkeit zur Selbstbestimmung fällt auch die Grundvoraussetzung der Demokratie – Funktionseliten und Medien treiben diese Entwicklung im Gleichschritt und bedenkenlos voran. Jede gesellschaftliche Diskussion außerhalb rebellischer Nischen fehlt – auch das ist ein Grund, warum alternative Erzählungen wuchern. Die blühenden esoterischen und phantastischen Narrative sind *auch* eine Antwort auf diese angedrohte Abschaffung der Freiheit, auf die Zerstörung intakter Körperlichkeit und den ganzen, ständig anschwellenden Strom dystopischer Drohungen. Hier fürchten Menschen, unter ein von Technokraten verhängtes Schicksal zu geraten, und träumen davon, es zu besiegen. Wir werden im zweiten Teil des Buches sehen, dass man dies als eine in symbolische Formen gegossene Kultur-, Wissenschafts- und Technikkritik beschreiben kann.

4. Story Machine – die Wissenschaft und ihr Double[19]

»Im Corona-Jahr 2020 erschien die Wissenschaft im glänzendsten Licht. Noch nie zuvor wurde in Deutschland Wissenschaftlern eine so große Bühne geboten, auf der sie der Öffentlichkeit ihre Forschungen und mehr noch sich selbst darstellen konnten. [...] Das spöttische Wort vom ›Hofvirologen‹ trifft die Sache recht genau. Es erinnert an den Hofastrologen in Schillers ›Wallenstein‹, der dem Feldherrn einredet, jetzt sei die Zeit gekommen: ›Jetzt muss / Gehandelt werden schleunig.‹ Mehr weiß er aber auch nicht, und wie seine Ratschläge geendet haben, zeigt das berühmte Bild Carl Theodor von Pilotys in der Münchner Neuen

Pinakothek: ›Der Hofastrologe Seni vor der Leiche Wallensteins‹ von 1855.«[20]

Von größter Bedeutung für das Imaginäre moderner Gesellschaften sind Idee und Praxis der Wissenschaft. Kaum etwas hat wohl die Phantasie mehr beschäftigt als die Möglichkeiten der Wissenschaft und der aus ihnen generierten Technologien. E. T. A. Hoffmanns *Sandmann* mit seiner (»transhumanistischen«) Automate, die der realen Frau vorgezogen wird, und der körperinvasiven Technik der geraubten Augen ist unübertroffen beklemmend. Der lebendige Körper als technisch überholbares Ersatzteillager kommt dem, was sich heute abzeichnet, in visionärer Weise nahe. Hoffmanns dubioser Spalanzani ist übrigens Professor für Physik, Mary Shelleys Monster-Schöpfer Frankenstein hat in Ingolstadt Medizin studiert. Später wird die neue Kunst des Films das Thema des dämonischen Wissenschaftlers als »neuer Prometheus« endlos variieren.

Auch hier hat der Fortschritt des Wissens schon eine verdächtige Kehrseite. Die Romantiker sind die ersten Meister des Verdachts. Der Hochachtung, die der Wissenschaft entgegengebracht wird, den Hoffnungen, die in sie gesetzt werden, steht ein bohrendes Misstrauen gegenüber.

Aber: Gibt es eine Wissenschaft im Singular – und, wenn ja, in welchem Sinne? Wissenschaft ist ein nach eigenen Regeln operierendes Sozialsystem, insofern gibt es, in diesem und nur in diesem Sinne, tatsächlich »die« Wissenschaft. Nicht darauf beruft sich allerdings die öffentliche Debatte, wenn verlangt wird, »der Wissenschaft zu folgen«. Diese wird statt einer Praxis, die Ergebnisse produziert, die sich widersprechen, die veralten oder widerlegt werden können, als Produzentin unumstrittener Wahrheiten verstanden. Ein medial gestützter Szientismus hat um sich gegriffen, der Forschungsergebnisse mit dauerhaft unwiderlegbaren Aussagen über die Realität verwechselt. Es handelt sich dabei keineswegs um Wissenschaft, auch nicht um eine genuin wissenschaftsaffine Haltung, sondern um eine dogmatisch-fortschrittsgläubige Weltanschauung, die eine Art neuer Mythologie ausbildet. Szientismus ist keine populäre Umformung von »Science«, im Gegenteil: Szientismus und Wissenschaft schließen sich aus. In der Corona-Debatte wurde »Wissenschaft« wie eine Staatsreligion behandelt; tatsächlich wurde sie für politische und finanzielle Interessen instrumentalisiert und in ihrer Autonomie mit Füßen getreten. Politisch opportune Resultate wurden als alleinige Wahrheit inthronisiert und in entsprechend zweifelhafte Handlungsrezepte umgesetzt.

Was der französische Wissenschaftshistoriker und -theoretiker Gaston Bachelard (1884–1962) die »Philosophie des Nein« nannte, wird durch den Zugriff der Politik beschädigt. Bachelard bezeichnete damit im Wesentlichen das, was die Systemtheorie unter dem Titel »Ausdifferenzierung« verhandelt: Wissenschaft konstituiert sich durch einen Bruch mit allen anderen Interessen, Gepflogenheiten und Erwartungen (besonders Konflikte mit der Ethik und der Religion sind hier vorprogrammiert). Sie sagt gewissermaßen – und da kommt Bachelards Begriff her – zu allen diesen Fremdansprüchen, die sie abwehren muss, beständig »Nein!« und orientiert sich an ihren eigenen inneren Notwendigkeiten. Schaut man sich die Rolle an, die gewisse prominente Wissenschaftler in der Pandemie gespielt haben, so müsste man boshaft formulieren, sie sei durch eine Philosophie des »Ja, bitte!« ersetzt worden: je mehr Einmischung und Medienpräsenz, desto besser.

Die Geschichte moderner Wissenschaft ist eine Erfolgsgeschichte, weil sie eine Differenzierungsgeschichte ist. Niemand hat das überzeugender beschrieben als der Soziologe und Wissenschaftshistoriker Wolf Lepenies. Die Naturwissenschaften konnten ihren Siegeszug nur antreten, weil sie sich in einem längeren Prozess von den Vorgaben anderer gesellschaftlicher Instanzen zu lösen verstanden. Nicht mehr Schönheit des Stils,

Moralität der Ansichten, Übereinstimmung mit kirchlicher Dogmatik oder geltendem Recht entscheiden über das, was Wissenschaft darf, sondern allein interne Kriterien, die festlegen, was für ein Fach Wahrheit ist und was nicht.

Lepenies erläutert das unter anderem am Beispiel des Werks von Georges-Louis Leclerc de Buffon (1707 – 1788). Der zu seiner Zeit besonders für seine *Allgemeine und spezielle Geschichte der Natur* (ab 1749) bekannte Naturforscher war eine Berühmtheit, deren Werk den Salons Gesprächsstoff lieferte. »Seine Reputation gewann Buffon als Stilist: nicht alle lobten, *was* er sagte, aber fast jedermann war davon beeindruckt, *wie* er es tat. So blieb er auch der Nachwelt in Erinnerung. [...] Als Buffon 1753 – auf nachhaltigen Druck Ludwig XV. – in die Académie française gewählt wurde, sprach er über den Stil. Niemand wunderte sich darüber. Es war selbstverständlich, daß auch ein Naturwissenschaftler sich als Autor verstand: als jemand, dem nicht nur daran liegt, *was* er sagt, sondern auch daran, *wie* er es tut, als jemand, der sein Publikum nicht nur belehren, sondern belehrend unterhalten will. Buffons Discours galt als eine der besten Reden, die je in der Académie gehalten wurden – noch Baudelaire war von ihr beeindruckt. Gegen Ende des Jahrhunderts aber wird, was früher Buffons Ruhm ausmachte, ihm zum Verhängnis. Er ist der letzte Gelehrte, der seine wissenschaftliche Reputation auf sein Talent zur Darstellung begründen kann, er ist der erste, der sein Ansehen verliert, weil er zu sehr Autor und zu wenig Forscher gewesen ist.«[21] Wissenschaft definiert sich nicht über ästhetische Reize, und zu viel Eleganz ist nunmehr verdächtig. Ähnlich wie stilistische Schönheit und wissenschaftliche Wahrheit auseinandertreten, löst sich Letztere auch von der Moral. »In der neuzeitlichen Wissenschaft ist die Ent-Moralisierung – der Orientierungsverzicht in politisch-moralischen Fragen – zur Voraussetzung der Forschung selbst geworden.« In dem Zeitraum, in dem Wissenschaft im modernen Sinne sich etabliert, findet eine »Abkopplung normativ besetzter Fragestellungen von der Wissenschaftspraxis« statt.[22]

Dieser Prozess, der historisch beispiellos sein dürfte, hat den Erfolg der Wissenschaftskultur des Westens erst möglich gemacht. Er ist unübersehbar zwiespältig, denn in dem Maße, in dem nicht mehr andere Instanzen über die Legitimität wissenschaftlicher Theoriebildung entscheiden, kann diese zwar ihr Potenzial ungehindert entfalten, stellt aber ihrerseits die Gesellschaft vor ungeahnte Herausforderungen, da ihre Methoden und Ergebnisse mit moralischem, ästhetischem und religiösem Empfinden unvereinbar sein können.

Zugleich hat sich in diesem Prozess »Wissenschaft« als ein Synonym für Moderne etabliert: »Soweit man sieht, hat die Wissenschaft nie Mühe gehabt, ja es nicht einmal nötig gehabt, sich als ›modern‹ darzustellen. Die modernen Staaten – das ist ein Thema gewesen. Die Modernität der modernen Gesellschaft wird in der Soziologie weitläufig diskutiert. Was moderne Kunst ist, fragt man noch heute. Für den Bereich der Wissenschaft scheint sich nicht einmal die Frage, geschweige denn ein Argument, zu lohnen. Ihre Modernität scheint sich von selbst zu verstehen.«[23] Wenn Wissenschaft (neben Technik) damit als Symbol für Modernität verstanden wird, ist klar, dass diese emotional hoch besetzt ist: Moderneenthusiasten wie Moderneskeptiker tendieren dazu, ihre Vorlieben und Erwartungen auf sie zu projizieren.

Die Erfolgsgeschichte ist aber auch eine Geschichte innerer Auffächerung. Einerseits treten Geistes- und Naturwissenschaften als fremde Kontinente auseinander; andererseits findet innerhalb der einzelnen Disziplinen eine ständig wachsende Spezialisierung, ein Auswuchern von Spezialgebieten statt, was die Verständigung zwischen den Fächern und sogar innerhalb eines Faches zunehmend erschwert.

Mit einem Wort: das Reich des Wissens ist längst unüberschaubar geworden und war das schon zur Goethezeit – der Grund, warum Goethes naturwissenschaftliche Studien und Humboldts *Kosmos* so eigentümlich aus der Zeit gefallen wirken: heroische und zum Scheitern verurteilte Anstrengungen, das Wissen einer Epoche als Einzelperson aneignen zu können. Jeder, auch jeder Wissenschaftler, ist außerhalb seines engeren Gebietes Laie. Und das heißt auch: der allergrößte Teil des wissenschaftlichen Wissens bleibt für jeden Einzelnen Gegenstand der Spekulationen, ein riesiges Feld, auf dem die Phantasie freies Spiel hat. Die überwältigende Mehrheit wissenschaftlicher Ergebnisse müssen wir einfach – glauben.

Wissenschaftliche Aussagen erscheinen also, selbst wenn sie ganz korrekt zitiert werden, immer nur als ihr eigenes Double: In einem »gemeinverständlichen« Zusammenhang, auch in den Medien, tauchen aus dem Kontext gerissene wissenschaftliche Ergebnisse auf, die den ideologischen Bedürfnissen der Nutzer dienstbar gemacht werden und in deren vorgeformtem Weltbild einen Platz angewiesen bekommen. Sie haben nur die Aufgabe, Weltbilder zu bestätigen und auszuschmücken.

Aus der Perspektive der Propagandaforschung ist der französische Soziologe Jacques Ellul zu einem ganz ähnlichen Schluss gelangt. Er unterscheidet zwischen naturwissenschaftlich-technischen und »existenziellen« Informationen. »Wenn es sich um Informationen technischer oder wissenschaftlicher Ordnung handelt, dann tritt immer, wurden sie auch popularisiert oder pädagogisch aufbereitet, eine Störung auf und macht sich Desinformation in dem Maße breit, wie die übermittelte Information nicht nur anders, als sie eigentlich ist, aufgenommen, sondern durch ›Gründe‹ entstellt, in Bezug auf die Meinungen verzerrt oder als Argument in einen Rahmen, der nicht der ihre ist, gezwängt wird. Das ist in allen Bereichen sehr auffällig, zum Beispiel beim Thema Krebs: Nahezu unmöglich ist es, in diesem Kontext wissenschaftliche Informationen weiterzugeben, ohne dass dies sofort entweder zu Verzweiflung oder zu übersteigerter Hoffnung führt. Es geht nicht darum, ob das Geschehen verstanden werden kann oder nicht, sondern darum, in einen anderen Bezugsrahmen vorzustoßen. *Während politische Themen verstanden werden, siedeln wissenschaftliche und technische Belange im Bereich des Fabelhaften, des Magischen und des Mythologischen, das heißt, zwischen der ausgesandten Botschaft und dem Rahmen, der zu ihrem Empfang bereitsteht, herrscht vollends Widerspruch.* So sehen wir alle Informationen über Atomenergie oder Umweltverschmutzung auf dieselbe Weise gedeutet. Ein Nachdenken darüber, das nicht sogleich leidenschaftlichen oder traumatischen Charakter annimmt, lässt sich unmöglich anstoßen.«[24]

Das ist auch schon anderweitig aufgefallen: Der Virologe Hendrik Streeck etwa kommunizierte seine Forschungsergebnisse durch eine professionelle Medienagentur, ausgerechnet mit dem Namen »Story Machine«, hinter der ein ehemaliger *Bild*-Chefredakteur, der Chef von stern.de und ein Eventmanager standen (oder noch stehen, denn bei der Agentur gibt man sich sehr bedeckt). Der Virologe wurde deshalb angegriffen und bedauerte später die Zusammenarbeit. Tatsächlich hatte er damit, wenn auch, wie er sagte, »naiv«, der Unmöglichkeit einer adäquaten Repräsentation von Wissenschaft im außerwissenschaftlichen Bereich Rechnung getragen. Im medialen Zerrspiegel erscheint eine populär-literarische Fiktion von Wissenschaft. Der Begriff »Science-Fiction« erhält hier einen ganz neuen Sinn: Wenn wissenschaftliche Daten in politischen und weltanschaulichen Zusammenhängern verwertet werden, dann werden sie Teil einer fiktionalen Erzählung und dienen nur mehr der Simulation von Wissenschaft. Genau das meint Jacques Ellul, wenn er schreibt: »[...] zwischen der ausgesandten Botschaft und dem Rahmen, der zu ihrem Empfang bereitsteht, herrscht vollends Widerspruch.«

Um ein aktuelles Beispiel für dieses Missverhältnis zu bemühen: Die Kategorien, in denen Greta Thunberg und ihre Anhängerschaft denken, sind die einer großen mythischen Erzählung, angereichert mit Elementen der Dystopie, der Horrorgeschichte und des Erlösungsdramas. Als »göttliches Kind« bedient sie sowohl die Sehnsucht nach Kitsch als auch die nach prophetischer Rede. Man kann in ihr eine Rosamunde Pilcher der Apokalypse am Werk sehen oder eine Johanna auf Patmos, der die Stimme Gottes aus einem

Potsdamer Klima-Institut erklingt. Zahlen, Prozentsätze, Kurven, die in einem solchen Zusammenhang bemüht werden, gewinnen automatisch einen symbolischen Stellenwert. Ob sie in Hinblick auf irgendein wissenschaftliches Modell richtig oder falsch sind, spielt dabei keinerlei Rolle. Sie haben längst ein Eigenleben entwickelt und existieren fortan »im Bereich des Fabelhaften, des Magischen und des Mythologischen«. Am politmedialen Umgang mit Corona ließ sich das ebenfalls beobachten. Die litaneiartig rezitierten Sterbe- oder Infektionszahlen waren aussagelos, weil die längste Zeit nicht zwischen »an oder mit« unterschieden wurde, aber sie ritualisierten und rhythmisierten die kollektive Panik, die in ihrem Rhythmus an- oder abschwoll. In diesem Sinne war ihre Rezitation reine Magie. Dieser neue Szientismus, eine seltsame, völlig reflexionslose Vulgäraufklärung, antwortet auf Argumente nicht mit Gegenargumenten, sondern mit Repressalien oder Verunglimpfungen. Er ist allerdings, anders als oft behauptet wird, keine Religion. Was ihn so gefährlich macht, ist gerade das *Fehlen* jeder Transzendenz.

Die Geschichtenmaschine der Etablierten schnurrt vor sich hin und beeinflusst effektiv, wie Menschen sich ihre Lebenslagen deuten. Allerdings erzeugt sie nicht nur erwünschte Effekte. Da sind einerseits diejenigen, die dem breiten Hauptstrom vertrauen und die

»Maßnahmen« allenfalls gerne noch rigider hätten. Ihre Phantasien kreisen um globale, väterlich wohlwollende Obrigkeiten, die Beherrschbarkeit des Klimawandels, Impfungen ohne Nebenwirkungen und die Erledigung jeglichen Lebensrisikos durch »Fortschritt« und Kontrolle. Die damit verbundene, im Kern magische Berufung auf eine Schimäre namens »die« Wissenschaft, die angeblich »gesagt habe, dass …«, galt und gilt ihnen als die einzig legitime Einstellung zur Lage.

Die zweite Verhaltensvariante wurde von Bürgern repräsentiert, die es wagten, darauf hinzuweisen, dass für Wissenschaft nicht Konsens, sondern die Konkurrenz von Theorien, Modellen und Erklärungsansätzen kennzeichnend ist. Sie wurden ignoriert, sofern es sich um Wissenschaftler handelte, diffamiert und teilweise sogar verfolgt. Ironischerweise handelte es sich bei dieser Gruppe um die einzige, die eine durchweg rationale Grundhaltung an den Tag legte.

Und schließlich produzierten und produzieren die apodiktische Sicherheit und die amtliche Sturheit, mit der die Narrative der offiziellen Erzählmaschine über alle Widersprüche hinwegwalzen, radikale Ablehnung und tiefes Misstrauen. Die Explosion von Gegengeschichten, die das Internet seitdem fluten, ist eine logische Konsequenz.

Topographien der Entfremdung

Die Geschichten vom Geheimen, Dunklen, Verborgenen blühen, wuchern, vermehren sich, so kann man vermuten, auch weil das auf offener Bühne Vorgehende zunehmend als Fassade empfunden wird. Diese Narrative sind Zeigerpflanzen, die den Grad an Desintegration anzeigen, den westliche Gesellschaften mittlerweile erreicht haben. Sie sind eine Antwort auf den Eindruck des Vorgeblendeten, auf die antiseptisch glänzenden Oberflächen, die die Mediendemokratie erzeugt. Im Medium des Phantastischen, mitunter wahnhaft Verzerrten, geben sie häufig zutreffende Beobachtungen und Lageeinschätzungen zu Protokoll. Diese Untersuchung teilt also die verbreitete, billige Prämisse, man habe es mit einem pädagogisch, therapeutisch oder durch Zwangsmaßnahmen zu behebenden Phänomen zu tun, in keiner Weise. Im Gegenteil: »Querdenker« und politische Esoteriker sind Phantasten, Dichter und Kritiker, deren Tätigkeit dazu beiträgt, eine Leerstelle für Veränderungen und Mentalitätswandel offenzuhalten. Im Einzelfall kann dabei Sinn oder Unsinn produziert werden – worauf es ankommt, ist, dass alternative Varianten der Realität erzeugt werden, die einen Freiheitsspielraum offenhalten. Ein Faktum ist in diesem Kontext nur ein Element in einem Bedeutungszusammenhang, in dem es so lange weitergereicht wird und unverwüstlich bleibt, wie dieser Zusammenhang einen lebensweltlichen Sinn ergibt. Die Globalisierung, auf die so reagiert wird, ist zuallererst eine der Informationen. Nicht nur Geld- und Warenströme, auch und primär Informationen rasen um den Globus, und diese suggerieren eine immer häufiger beschworene »Konvergenz der Krisen«, die im Medium des politischen Imaginären bearbeitet wird. Einen olympischen Standort, der all diese Entwicklungen zu überblicken vermöchte, kann auch die Wissenschaft nicht anbieten. Das kollektive Imaginäre behilft sich entsprechend, wie es kann.

Hier gilt offenbar mehr denn je: Der Mensch lebt nicht vom Brot allein. Dem Westen jedenfalls ist es nicht gelungen, nach dem Christentum eine befriedigende, bergende, übergreifende Weltanschauung zu entwickeln und Identifikationsanker anzubieten, die Halt geben, weil sie nicht infrage gestellt werden. Eine vage linksliberale Basisideologie, die das »Hinterfragen« von allem und jedem mit Intellektualität verwechselt, macht jede geistige Konsolidierung unmöglich. Dass die Moderne immer wieder als eine Art Dauerkrise geschildert und begriffen wird, hat mit diesem Verbot, bei letzten Wahrheiten anzulangen, zu tun. Jede Festlegung in spirituellen Belangen wird als fundamentalistisch verunglimpft; wer aus den relativistischen Sprachspielen aussteigt, hat sich aus der Gemeinschaft wohlwollender Progressiver ausgeschlossen. Ungeachtet eines inflationären Gebrauchs des Begriffs »Krise« gibt es offensichtlich Umbruchphasen in der europäischen Geschichte, die diese Bezeichnung tatsächlich verdienen. Die Frühe Neuzeit, Kosellecks »Sattelzeit«, die Zeit vor dem Ersten Weltkrieg und die unsere – sie alle laden in besonderem Maße zu Neu- und Gegenerzählungen ein.

Wir werden das anhand zahlreicher Beispiele beobachten können. Die nichtdiskursive, nichttheoretische, sondern bildhafter Kritik an den Verhältnissen, die ich hier schon mehrfach angesprochen habe, bezeichne ich als »Phantastisches Analogon« – also die phantastische Entsprechung, die eine Zeit für ihre politischen, kulturellen und lebensweltlichen Verhältnisse findet, wenn sie darüber fabuliert. Sie ist naturgemäß engstens verflochten mit der literarischen Phantasie, da sie mit Bildern, Symbolen, Metaphern und Erzählelementen operiert.[25] Diese entstammen der Literatur und Kunst ebenso wie verschiedenen Religionen (bzw. deren spezifisch europäischer Rezeption) und der Alltagskultur. Dazu verwertet sie wissenschaftliche und technologische Neuerungen, die in populärer Vermittlung in diese Vorstellungswelten eingehen und dort eine wichtige Rolle spielen. Es handelt sich um eine faszinierende Legierung unterschiedlichster Elemente, die bei aller inhaltlichen Absurdität durch die hochmütige Bemerkung von der »Metaphysik der dummen Kerle« nicht zutreffend gekennzeichnet ist: denn die Fabulationen sind in höchstem Maße aussagekräftig für die Realität, aus der sie aufsteigen.

1. Hybride Höhen – Babel, Baal und Basel

Der gemeinsame Bezug auf ein aufzudeckendes Geheimnis ist der dominierende Zug einer phantastischen Systemkritik. Es handelt sich um Apokalyptik nicht nur im bekannten Verständnis von Weltende und Untergang, sondern auch im Wortsinn von »Apokálypsis«: »Enthüllung« oder »Offenbarung«. Die weitverzweigten Verschwörungen, die die phantastische Kritik enthüllt, entfalten sich in der Zeit (etwa wenn die Freimaurerei als eine Konspiration über die Jahrhunderte hinweg gedeutet wird), brauchen aber natürlich auch Räume, in denen die Dunkelmännerei sich gebührend austoben kann. Das sind gerade auch Örtlichkeiten, die im vollen Licht der Öffentlichkeit stehen, Zentren der politischen und finanziellen Macht.

»Der Tower Basel, vielen vielleicht unbekannt, beherbergt die Bank für Internationalen Zahlungsausgleich (BIZ). Diese Superbank ist die Bank aller

Zentralbanken und damit die wohl wichtigste Institution der Zentralbanken weltweit. Sie wurde u. a. von Moses Marcus Warburg und John Pierpont Morgan gegründet. Der Nazi Hjalmar Schacht war bis 1938 Präsident der Reichsbanken, Kurt Freiherr Schröder war Hitlers wichtigster Finanzier – beide in Führungspositionen der BIZ. Eine interessante Verbindung zwischen Kapital und Politik damals – und heute? Basel = BAAL ist auch Sitz der größten Pharmakonzerne wie ROCHE, NOVARTIS; SYNGENTA etc.«[26]

Der assoziative Rundumschlag verknüpft die internationale Bankenstruktur mit jüdischen *und* nationalsozialistischen Financiers, dem Gott Baal, der mit der Stadt Basel gleichgesetzt wird, den Pharmakonzernen und, durch die Illustration, dem biblischen Turmbau zu Babel. Das gesichtslose Gebäude wird in wenigen Sätzen eingesponnen in ein Netz aus Bedeutungen, das eine überhistorische Konvergenz der Macht im Turm suggeriert, in dem passenderweise auch Big Pharma als aktueller Urheber alles Bösen seinen Sitz hat. Die Einordnung in einen spirituellen Horizont erfolgt durch die Assoziation des Götzendienstes (Baal) und des Turmbaus zu Babel. Der wird in diesem Umfeld häufiger erwähnt. Seine traditionelle Bedeutung ist die Hybris, die frevelhafte Selbstüberhebung des Menschen, der sich in seiner Verblendung über die ihm gesetzten Schranken hinwegsetzt und deshalb göttlicher Strafe verfällt. Der biblische Text lautet:

»Es hatte aber alle Welt einerlei Zunge und Sprache. Als sie nun nach Osten zogen, fanden sie eine Ebene im Lande Schinar und wohnten daselbst. Und sie sprachen untereinander: Wohlauf, lasst uns Ziegel streichen und brennen! – und nahmen Ziegel als Stein und Erdharz als Mörtel und sprachen: Wohlauf, lasst uns eine Stadt und einen Turm bauen, dessen Spitze bis an den Himmel reiche, damit wir uns einen Namen machen; denn wir werden sonst zerstreut in alle Länder.

Da fuhr der HERR hernieder, dass er sähe die Stadt und den Turm, die die Menschenkinder bauten. Und der HERR sprach: Siehe, es ist einerlei Volk und einerlei Sprache unter ihnen allen und dies ist der Anfang ihres Tuns; nun wird ihnen nichts mehr verwehrt werden können von allem, was sie sich vorgenommen haben zu tun. Wohlauf, lasst uns herniederfahren und dort ihre Sprache verwirren, dass keiner des andern Sprache verstehe!

So zerstreute sie der HERR in alle Länder, dass sie aufhören mussten, die Stadt zu bauen. Daher heißt ihr Name Babel, weil der HERR daselbst verwirrt hat aller Länder Sprache und sie von dort zerstreut hat in alle Länder.«[27]

Die verhältnismäßig milde Bestrafung besteht bekanntlich in der Sprachverwirrung, die die Bauenden darin hindert, sich zu verständigen, und sie so auseinandertreibt. Der Bau kommt zum Erliegen. Dem römischen Chronisten Flavius Josephus zufolge hatte übrigens der große Jäger Nimrod, in der Bibel eine Symbolfigur für menschlichen Hochmut, den Bau angeordnet.

Es springt auf den ersten Blick ins Auge, dass die Geschichte vom megalomanen Turmbau sich als *die* globalisierungskritische Erzählung schlechthin lesen lässt.

Die Anknüpfungspunkte liegen auf der Hand: Es handelt sich um ein »internationales« Großprojekt, das von verschiedenen Völkerschaften, die für die Menschheit stehen, getragen wird und in seiner Dimension alles bisher Dagewesene sprengen soll. Was Gott durch Sprachverwirrung unterbindet, wäre demnach eine frühe Form des Globalismus. Dazu kommt das Motiv der frevelhaften Überschreitung der dem Menschen gesetzten Grenzen, das über die Ökologiebewegungen den Weg in das politische Alltagsverständnis gefunden hat. Die Erzählung vom Turmbau berührt damit ein Dauerthema der Moderne, das unter den Bedingungen einer als Ideal propagierten informationstechnischen und ökonomischen Globalisierung erneut eine hohe symbolische Aufladung erfährt.

Ideale Orte für diese Symbolik sind demnach internationale Organisationen, für deren Betrieb sich »babylonisch« immer schon als Adjektiv anbot. Es hat sich eingebürgert, die EU in diesem Kontext als »Turm zu Babel« zu bezeichnen;[28] mehr noch, die Europäische Union übernimmt das auch als Selbstbeschreibung. Das Netzwerk der nationalen Kulturinstitute der Europäischen Union, EUNIC, präsentierte 2019 erstmals eine musikalische Show mit dem Titel »Babylon Europa«, natürlich unter einem Motto, das den bedrohlichen Aspekt der biblischen Erzählung gar nicht erst in den Blick geraten ließ: »Babylon Europa ist der passende Titel für einen Abend, der zeigte, dass die Vielfalt der Kulturen und Sprachen in Europa zwar eine Herausforderung, aber keine Hürde ist. Europa ist ein Bauprojekt, das niemals fertig wird.«[29] – Nicht erst angesichts der mit dem Ukraine-Krieg aufgebrochenen Spannungen ein Pfeifen im Walde.

Von internationalistischer Seite zur fröhlichen Arbeitsparty am »Wir haben uns alle lieb«-Work in Progress verflacht, kann das Turm-Symbol der Gegenseite als Zeichen für ein schlechthin dämonisches Unterfangen stehen. Bilder lassen sich eben nicht auf die ihnen einmal zugeschriebenen Bedeutungen festlegen. Sie ermöglichen unterschiedliche und unter Umständen entgegengesetzte semantische Anschlüsse. Aus diesem Grund ist das Politische Imaginäre kaum kontrollierbar – Propaganda lebt von Bildern, die aber unversehens, gewissermaßen hinterrücks, »die Seiten wechseln« können. So auch dieses »Bauprojekt, das niemals fertig wird«: »Seit seiner Fertigstellung am 14. Dezember 1999 hat das EU-Parlament für erstaunte Blicke und Fragen hinsichtlich seiner Bauwerke gesorgt. Der Hauptturm namens ›Louise Weiss‹-Gebäude sieht eigentümlich modernistisch aus. Warum sieht es unfertig aus? Förderer sagen, es reflektiere die >unvollendete Natur Europas<. Doch einige Untersuchungen des Themas offenbaren den dunklen und tiefgehenden Symbolismus des Gebäudes. Die wahre Quelle der Inspiration hinter dem Louise-Weiss-Gebäude aufzudecken bedeutet, die esoterischen Überzeugungen der Weltelite aufzudecken, ihre finsteren Bestrebungen und ihre Interpretation alter Schriften. Wir kommen direkt zum Punkt: Das Louise-Weiss-Gebäude soll aussehen wie das Gemälde *Der Turmbau zu Babel* von Pieter Brueghel dem Älteren aus dem Jahr 1563. [...] Die Konstruktion des Europa-Parlaments nach dem Abbild des Turms zu Babel übermittelt also die Botschaft, dass Nimrod die richtige Philosophie hatte und sein Turm zu Babel eine gute Idee war. Wir halten also Ausschau nach: 1. ... einer stufenweisen Einführung von Tyrannei, 2. ... der Eliminierung der Anbetung Gottes zugunsten der Einführung einer Abhängigkeit von Macht, 3. ... dem Bestreben, dass alle Menschen dieselbe Sprache sprechen und dieselbe Religion haben, 4. ... einer Ablehnung Gottes und dem Versuch, selbst Götter zu werden. Dies sind genau die wesentlichen Grundsätze der esoterischen Überzeugung der Weltelite. Sie sind keine Christen oder ähnliches. Ihr Glaubenssystem basiert auf den Mysterienreligionen (heidnische Rituale, Verehrung der Sonne, Luzifer wird als derjenige betrachtet, der der Menschheit Licht brachte, Gott wird als eine Kraft gesehen, die Menschen im Dunkel lassen will).

Ihre Neue Weltordnung wird jegliche Anbetung Gottes evakuiert haben, eine Einheitssprache einführen und die Demokratie in eine Tyrannei verändern.«[30]

»Grenzüberschreitung«, wie sie im hybriden Bauprojekt deutlich wird, stellt ein tragendes, wenn nicht *das* Grundmotiv der Moderne dar, das auf praktisch alle Lebensbereiche Anwendung findet und für triumphalistischen Optimismus ebenso sorgt wie für die ständige Präsenz von Ängsten aller Arten. Die Corona-Impfkampagnen mit ihrer Interessenverflechtung von Pharmakonzernen, Milliardären, der WHO und Regierungen demonstrieren, was Globalisierung bedeutet: nämlich nicht bloß eine Aufteilung der Welt in arbeitsteilige Lieferzonen, sondern zunehmende Intransparenz von Herrschaft zu Lasten demokratischer Strukturen, forcierten Säkularismus (da Religionen ein zu großes Konfliktpotenzial bergen) sowie Willkür und Korruption globalen Ausmaßes. Es ist nicht erstaunlich, dass diese Deutung des Turmbaus als Zitadelle einer Neuen Weltordnung mittlerweile gängig ist. Im März 2022 machte im Netz ein Video die Runde, das die Verbrennung eines (nach Brueghelschem Muster gestalteten) Nachbaus des Turms zu Babel in Russland zeigt. Die angeblich unpolitische Kunstaktion wurde in den sozialen Medien spontan als ein symbolisches Abbrennen der New World Order aufgefasst und entsprechend gefeiert.[31]

2. Dämonische Tiefen – satanische Museen

Emotional stärker besetzt als das Streben in die Höhe ist allerdings die Bewegung in die entgegengesetzte Richtung, nämlich nach unten. Auch hier bildet die Globalisierung den Interpretationsrahmen. Die Geschichte vom babylonischen Bau in ihrer biblischen Urversion verspricht das Scheitern einer globalen Zentralgewalt und vermittelt insofern Hoffnung; die Vorstellung einer weitverzweigten, nur den Mächtigen zugänglichen Unterwelt dagegen erzeugt die alptraumhafte Vorstellung einer schier unbesiegbaren rhizomatischen Macht. Positive Anknüpfungen sind hier nicht möglich. Der Feind in der Tiefe, den diese Geschichten bilderstark beschwören, ist ungreifbar, vermag potenziell »alles« zu unterhöhlen und verfügt über unendliche finanzielle und technische Mittel.

Die Internetseiten und Posts, die diese Motivik aufgreifen, sind zahlreich. Bekannt geworden ist sie durch die »Pizzagate« genannte skurrile Affäre, bei der ein Bewaffneter 2016 eine Pizzeria in Washington D.C. stürmte, um dort von einem vermeintlichen Kinderpornoring unter Hillary Clinton im Keller gefangen gehaltene Kinder zu befreien. Die Kommentare der Presse waren hämisch (die Pizzeria hatte nicht einmal einen Keller), insbesondere da ein Berater Donald

Trumps den Fehler gemacht hatte, die Geschichte aus durchsichtigen Gründen weiterzuverbreiten.

Die üblichen Invektiven wie »abstrus« und »irr« führen aber nicht weiter. Sie haben keinerlei Erklärungskraft und stehen einem analytischen Verständnis im Wege. Aussagekräftig ist einerseits die Verbreitung des Motivs der gefolterten Kinder und andererseits die Unwiderleglichkeit derartiger Narrative – sie sind gewissermaßen unsinkbar: Auch nach der Festnahme des Täters und der Klarstellung, dass sich ein solcher Kinderpornoring dort nicht befunden haben *konnte,* kam die Lage bemerkenswerterweise nicht zur Ruhe. Stattdessen erhielten nun einfach andere Pizzerien Drohbriefe.[32] Xavier Naidoo verarbeitete die Affäre im Folgejahr 2017 in seinem Lied »Marionetten« (»[...] und etwas namens Pizzagate steht auch noch auf der Rechnung«).[33] Noch im Juni 2020 hielt der britische Sänger Robbie Williams die Pizzagate-Geschichte, Keller hin oder her, nicht für widerlegt. »Die richtigen Leute« seien »noch nicht befragt worden«.[34] Wer das Video gesehen hat, in dem Naidoo tränenüberströmt von der weltweiten Befreiung gefangener Kinder berichtet, kann erahnen, wie tief die Emotionen sind, die sich mit diesem Motiv verbinden.[35] Das Leiden der Unschuldigen ist verständlicherweise ein besonders empfindliches Thema und verfügt schon durch den Bethlehemitischen Kindermord über eine große Tradition. Johan Huizinga etwa beschrieb die starke

Präsenz des Motivs im Spätmittelalter: »Für die fast mechanische Art, mit der die heiligen Gebräuche sich zu vervielfältigen neigen, wenn keine strenge Autorität mit fester Hand die wuchernden Triebe beschnitt, ist die wöchentliche Verehrung der Unschuldigen Kinder ein charakteristisches Beispiel. In dem Gedächtnis des Bethlehemitischen Kindermordes am 28. Dezember floß allerlei halbheidnischer Mitwinter-Aberglaube mit sentimentaler Rührung über das Leiden der kleinen Märtyrer zusammen; der Tag galt als Unglückstag. Und nun pflegten viele während des ganzen Jahres den Wochentag, auf den zuletzt der Unschuldige Kindertag gefallen war, als einen Unglückstag anzusehen. Man mochte an diesem Tage keine Arbeit beginnen, keine Reise antreten. Der Tag hieß einfach ›Les Innocents‹, genau wie das Fest selbst. Ludwig XI. beobachtete diese Sitte gewissenhaft. Die Krönung Eduards IV. wurde noch einmal wiederholt, weil man sie zuerst an jenem unglücklichen Wochentag vollzogen hatte. René von Lothringen mußte von einem Gefecht absehen, weil seine Landsknechte sich weigerten zu kämpfen, weil gerade der Wochentag der Unschuldigen Kinder sei.«[36] Schon deshalb ist, aller Exzentrizität ungeachtet, die Konzentration auf das Abstruse solcher Fälle oberflächlich und falsch. Worum geht es hier wirklich?

Verfolgen wir das Motiv zunächst anhand eines Artikels aus »Pravda-TV«, einem Blog, den man guten

Gewissens als mythoman bezeichnen kann. Neben den entführten Kindern bilden sogenannte DUMBs (»Deep Underground Military Basis«) das zentrale Element dieser Phantasien. »Es gibt weltweit mindestens 1400 DUMBS, 188 bekannte DUMBS in den USA, wobei in den USA zwei unterirdische Basen pro Jahr gebaut werden. Die durchschnittliche Tiefe der Basen beträgt 4,25 Meilen unter der Erde. Der Bau jeder DUMB-Basis kostet zwischen 17 und 26 Milliarden US-Dollar, was durch MI6/CIA-Drogengelder und Gelder aus dem Menschenhandel finanziert wird«,[37] so ein der »alternativen Geschichtsschreibung« verschworener Telegram-Kanal. Ein österreichisches Esoterikforum wiederum mutmaßt »riesige Untergrundbasen unter Stuttgart 21 und dem Hauptstadtflughafen BER«.[38] Außer pädophilen Sadisten können in diesem Untergrund auch Reptilien und andere menschenfressende Wesenheiten hausen: Der archaische Drache feiert fröhliche Urständ, spielt allerdings längst keine tragende Rolle mehr. Der Kampf um die fünfstöckigen »Katakomben« unter Azovstal hat die Existenz unterirdischer Militäranlagen allseits publik gemacht, dürfte aber auf die Narrative, die sich um DUMBs ranken, keinen entscheidenden Einfluss gehabt haben, denn diese gehen weiter zurück.

»Werden in geheimen Bunkern unter dem Getty Center Kinder rituell gequält? Ex-Geheimdienstmitarbeiter erhebt schwere Vorwürfe

7. März 2021
Teile die Wahrheit!

Bild mit Getty-Center, Bildunterschrift: »Millionen Kinder werden jährlich in den USA als vermisst gemeldet. 100 000 davon tauchen nie wieder auf. Sie bleiben für immer verschwunden. Mitarbeiter von Geheimdiensten wissen, dass diese Kinder entführt, gefangen gehalten, gefoltert, vergewaltigt und ermordet werden. Der Schriftsteller, Erfinder und frühere Geheimdienstmitarbeiter Steven D. Kelly ist einer von ihnen. Kelly behauptet, dass in einer riesigen Metropole unter dem Getty-Museum in Los Angeles auch Kinder gequält und getötet werden. Bisher konnte Kelly keine Beweise für seine Behauptung vorlegen. Haben wir es hier nur mit einer weiteren abenteuerlichen Geschichte zu tun oder mit menschlichen Abgründen?

[…]

Kelly bezeichnet die Elite-Sadisten, die seinen Worten nach seit Generationen ihr perverses Spiel spielen, als Höhlenforscher. Ihre Einrichtung als Festung. Gehört das Getty-Museum tatsächlich zu diesen unheimlichen Orten? Kelly behauptet, die Information von einem Hellseher erhalten zu haben, der die Remote-Viewing-Technik beherrscht.

Wer das Getty Museum besuchen will, fährt mit einer Straßenbahn zum Haupteingang. Ganz unauffällig in der Nähe befindet sich ein weiterer kleiner Eingang zu einem Sicherheitskorridor, der zu einem riesigen Aufzug führt, der sich hinter einer schweren Panzertür befindet. [...] Der Aufzug fährt laut Kelly gut tausend Meter unter die Erde. Die oberste Ebene ist ein Spa, die unterste ein satanischer Kerker, in dem Menschen, vor allem Kinder, gefoltert und rituell geopfert werden, so Kelly.

Vom Wohnbereich aus strahlen Röhren ähnlich den Speichen einer Felge nach außen, durch die ›Höhlenforscher‹ mit von Tesla-Technologie betriebenen überschallschnellen Mag-Lev-Zügen zu anderen unterirdischen Orten reisen können. [...] Nach Kellys Informationen sind alle unterirdischen Städte mit Hochgeschwindigkeitszügen verbunden, die eine Geschwindigkeit bis zu 4000 Kilometer in der Stunde erreichen können.

Von allen unterirdischen Metropolen ist nach Worten Kellys die Anlage unter dem Getty Museum die mit Abstand luxuriöseste. Sie wurde von der L. Paul Getty Foundation *für Königin Elizabeth II.* erbaut und beherbergt heute einen Großteil der Beute, die einst unter dem Vatikan in Rom gehortet wurde. [...] Das eigentliche Geheimnis befindet sich laut Kelly tief unter dem Center in jener riesigen Stadt mit eigener Untergrundregierung und einem weiteren Netzwerk von Tunneln und unterirdischen Bunkern.

Zusammen mit vielen anderen Anlagen in den Vereinigten Staaten und Europa dient dieser Ort laut Kelly unter anderem auch als Drehscheibe für den Kinderhandel, dessen Spur auch nach Manila führen soll.«[39]

Zunächst: Dies ist nicht der einzige Fall, in dem ein Museum zum Zentrum einer solchen Phantasie wird. Das Museum, das als eine Art kultureller Kultstätte einer satanischen Oberschicht erscheint, wird damit symbolisch als Eliten-Territorium markiert. In dieses Licht wurde auch der Louvre gerückt, bei dem die Glaspyramide im Innenhof Irritationen erregte. In seinem »kritischen Jahresrückblick« für 2017 verweist der Enthüllungsjournalist (Selbstbezeichnung) Gerhard Wischnewski darauf, dass Macron seinen Sieg bei den Präsidentschaftswahlen dort gefeiert habe. »Dieser Hof wird optisch von der Glaspyramide des Architekten Ieoh Ming Pei bestimmt. Und Pei hat selbst in einer Broschüre geschrieben, die Pyramide bestehe aus 666 Glassteinen. In Auftrag gegeben wurde die architektonische Neugestaltung des Louvre-Hofs seinerzeit von Macrons Vorgänger François Mitterrand. Der war angeblich Freimaurer. Und die Zahl 666 wird bekanntlich mit dem Teufel assoziiert.«[40] Dass das Motiv auch bei dem amerikanischen Bestseller-Autor Dan Brown in *Der Da Vinci Code* auftaucht, trägt zu seiner Verbreitung weiter bei.[41] Unter dem Datum des 20. Februar 2021 heißt es auf einem Kanal mit dem sprechenden Namen »Corona Satanismus« bündig: »Der Satan hat seinen Wohnsitz in Berlin. Genaugenommen wohnt er im Pergamonaltar auf der Museumsinsel – 50 Meter entfernt gleich gegenüber der Privatwohnung von Bundeskanzlerin Angela Merkel. Zu diesem Schluss gelangt die amerikanische Forscherin Adela Yarbro Collins in der durchaus angesehenen amerikanischen Zeitschrift *Biblical Archeology Review.*« Das Zitat ist freilich einem Bericht des Senders N-TV entlehnt, der sich über die (mutmaßliche) Bezeichnung des Altars als Stuhl Satans in der Offenbarung des Johannes amüsiert.[42] Auch in diesem Video spielen Untergrundstrukturen eine große Rolle. Verdacht erregt hier – neben der Frage, welche Zeremonien sich wohl während der Schließung des Pergamonmuseums vor dem Altar abspielen werden – vor allem der Bau eines Tunnels, der das Pergamon- mit dem Bode-Museum verbinden soll. Das stärkste Argument ist aber wohl das einer hochsuspekten Nachbarschaft: Angela Merkel blickt aus ihrer Wohnung direkt auf das Pergamonmuseum (weshalb das Video auch mit »Kanzlerin Merkel zu den Füßen des Satans, Folge 2« überschrieben ist). Im Sommer 2020 hatte übrigens Attila Hildmann dazu aufgerufen, das Pergamonmuseum zu stürmen, weil es ein »Zentrum der globalen Satanisten-Szene und Corona Verbrecher« samt Menschenopfern und Kinderschänderei sei.[43]

Diese Perspektive auf Museen und speziell auf das Pergamon ist nicht nur wegen des antibildungsbürgerlichen Ressentiments interessant, das sich darin ausdrückt, sondern besonders, weil das Kunstwerk nicht mehr als ein Werk der Kunst wahrgenommen wird. Stattdessen wird es in den Zusammenhang zurückgestellt, dem es entstammt, nämlich in einen kultischen. Das ist ein Akt der aktiven (wenn auch wohl nicht bewussten) Ent-Differenzierung, der in einer auf Systemdifferenzierung beruhenden Gesellschaft den Charakter einer prinzipiellen Zurückweisung des Bestehenden hat. »Es ist den Verschwörungstheoretikern egal, ob etwas im Bedeutungszusammenhang von Politik oder Kunst gezeigt oder gesagt wird – am Ende erscheint ihnen alles als ein gleichwertiges Puzzleteil in einer stringenten Erzählung, die man nur zusammenfügen muss. Wenn man denn ›erwacht‹ ist, folgt alles logisch aufeinander. Wenn in einem Museum der Thron Satans steht, muss dort auch der Satanismus praktiziert werden. Wenn Angela Merkel ihre Hände zur bekannten Raute formt, ist das genauso zu lesen wie die Illuminaten-Dreiecke auf historischen Abbildungen. Kunstwerke werden zu Suchbildern – bei denen man schon weiß, was man finden will.«[44] Diese Form der »rasenden Bedeutungsbildung«, also die Herstellung von Assoziationsketten, die ohne eine Arretiervorrichtung durchlaufen, ist für alle Diskurse dieser Art, auch für die Esoterik im engeren Sinn, typisch. Sie reißen momentan ab, wenn dem Urheber das Material ausgeht oder er unterbrochen wird, können aber jederzeit und von jeder beliebigen Person fortgesetzt werden. Da sie (anders als wissenschaftliche Abhandlungen oder religiöse Dogmatiken) keinen anderen Regeln als denen der Assoziation folgen, sind sie allseitig anschließbar und inklusiv. Ausschlussregeln für Teilnehmer gibt es nicht, jeder kann die semantischen Fäden fortspinnen und anknüpfen, wo es die Semantik erlaubt. Die rasende Bedeutungsbildung verlangt daher (anders als die Kunst, der sie Stoff liefert) wenig individuelle Kreativität. Sie ist ein Selbstläufer. Insofern handelt es sich um Formen der Weltdeutung, die gewissermaßen auf der Straße liegen und spontan immer wieder aufleben. Sie sind nicht primär konspirativ, sondern einfach eine spezielle Form der Sinnbildung. Damit ein »verschwörerisches« Motiv hinzutritt, bedarf es offenbar einer Spannungssituation, in der das gesellschaftliche Übel an einer bestimmten Stelle lokalisiert werden muss.

Nach diesem Exkurs zurück zur Unterwelt unter dem Getty: Zunächst einmal lauert der Schrecken unter dem betont Normalen. Mit der Straßenbahn erreicht man einen Ort, der sich über einer Hölle erhebt, in die man ganz banal durch einen Seiteneingang und mit dem Aufzug gelangen könnte. Wie in der Literatur und im Film ist das Phantastische in den Alltag eingebettet und lauert direkt unter der Oberfläche.

Das Detail mit dem Spa, das die oberste Ebene bildet, während ganz unten Kinder geopfert und gefoltert werden, legt nahe, dass die Vergnügungs-,

Erholungs- und Konsumwelt nicht nur als unbefriedigend, sondern als bodenlos, bedrohlich und latent sadistisch erlebt wird. Das Satanische ist zudem expansiv: Es strebt danach, sich überallhin auszubreiten, und bedient sich dazu der Mittel futuristischer Technik. Züge mit Überschallgeschwindigkeit transportieren die Elite-Sadisten durch die Unterwelt. Mit Königin Elisabeth II. und vor allem mit dem Vatikan werden klassische Ziele des Verdachts ins Spiel gebracht. Auch der Vatikan hortet demnach seine Schätze, die nun auf die Unterwelt des Getty übergegangen sind, nicht etwa bloß in den Vatikanischen Museen, sondern *darunter*. Die Unterwelt, bildgewordene Intransparenz, ist offenbar ein unverzichtbares Symbol für die Undurchschaubarkeit und die mangelnde Vertrauenswürdigkeit der politischen Verhältnisse geworden. Seine Verwendung signalisiert nicht nur einen Mangel an Erkennbarkeit, sondern an Repräsentation, und damit eine nachhaltige Entfremdung.

In den USA und in der EU bieten die abgekoppelten, urban-liberalen Herrschaftsschichten eine ideale Fläche für solche Projektionen, die sie durch ihr Verhalten befeuern. Jean-Claude Junckers berüchtigter Spruch »Wenn es ernst wird, muss man lügen« beispielsweise sagt in seinem unverschämten Kokettieren mit antidemokratischen Verschleierungspraktiken eigentlich alles.

Man hat sich über die Absurdität von »Pizzagate« ausgiebig amüsiert. Der Mann, der eine Pizzeria stürmte, um in seiner Vorstellung Kinder vor einem schrecklichen Schicksal zu retten, hat aber subjektiv durchaus moralisch gehandelt. Vermutlich war er der Meinung, sein Leben für das Gute aufs Spiel zu setzen. Er wurde als der Idealtypus des dumpfen Rednecks hingestellt, der immer wieder bemüht wird, um die populistischen Protestbewegungen zu diskreditieren. Dasselbe gilt für den »Schamanen«, der am Sturm auf das Kapitol beteiligt war. Wie viele andere, verkörpern diese Menschen aber bloß das fleischgewordene Misstrauen in eine zur Oligarchie mutierende Demokratie und einen autoritär, um nicht zu sagen: terroristisch mutierten »Liberalismus«. Die Entleerung der Begriffe, die ihren Sinn und ihre Verlässlichkeit verloren haben, die Zwanghaftigkeit eines »Sprachregimes« (Michael Esders), die Absprachen, die, dem Bürger und Wähler unzugänglich, beim Essen, auf den Korridoren und hinter geschlossenen Türen getroffen werden – all dies erzeugt die Bilder eines (moralischen) Abgrunds. Und auch wenn sich unter der ominösen Pizzeria kein Keller befand, so kommen die Machenschaften etwa eines Jeffrey Epstein und seiner Clique den Vorstellungen der Protestierer erschreckend nahe. Einer Clique wohlgemerkt, zu der mit den Clintons ein Präsident und eine Präsidentschaftsanwärterin gehörten, die also tatsächlich beste Beziehungen ins Herz der Macht pflegten.

Unter diesen Umständen gehen »Verschwörungstheorien« ins »Volksvermögen« (Peter Rühmkorf) der kollektiven Phantasie über. Wo sich Unbehagen am gesellschaftlichen Status quo nicht theorieförmig artikuliert, verschwindet es deshalb ja nicht, sondern sucht seinen Ausdruck in anderen Formen. Es wird daher auch in spirituelle Weltbilder eingebaut, von denen die esoterischen sich als besonders empfindlich für neue politische, technologische und wissenschaftliche Entwicklungen erweisen, die meist sehr schnell integriert werden. Mit den Hochreligionen verhält es sich anders, weil sowohl der Tanker der Institution langsamer ist als auch der dogmatische Überbau bremsend auf schnelle Schlussfolgerungen wirkt. Das hat lange zu deren Gunsten gewirkt (man denke an die langwierigen Heiligsprechungsverfahren der katholischen Kirche, nach deren Ablauf eventuelle irdische Verfehlungen des Kandidaten in gnädiges Vergessen gehüllt sind), dürfte sich aber in einer Zeit, in der medial fast in Echtzeit kommuniziert wird, eher gegen sie wenden. Während der Text von »Pravda-TV« Realitätspartikel surreal kombiniert, aber unter dem Gesichtspunkt säkularer Macht verarbeitet, unterscheidet sich das nächste Beispiel, der transkribierte Auszug eines Videos des Psychologen Robin Kaiser, der auf Telegram den »Inspirationskanal« »Eine neue Erde« betreibt, deutlich von den vorherigen: Es fällt mit seiner Betonung kosmischer Zusammenhänge, für deren Erkenntnis gleichwohl die Expertise des studierten Psychologen in Anspruch genommen wird, eindeutig in den Bereich esoterischer Diskurse. Diese bilden, wo sie auf politische Sachverhalte Bezug nehmen oder ideologische Implikationen haben, einen Unterfall des von mir als »Politische Phantastik« bezeichneten Komplexes.

3. Pädophile Eliten im Kosmos

YouTube-Video von Robin Kaiser: »Ritueller Missbrauch« vom 19. Februar 2021:

»Schon lange habe ich mir die Frage gestellt, weshalb die Menschheit aktuell so ist, wie sie ist und wie das Innenleben der meisten meiner Mitmenschen derart deformiert werden konnte. [...] Unsere Welt sieht deshalb so aus, wie sie aussieht, weil unsere moderne Kultur von einer magischen Subkultur durchsetzt ist, die in voller Bewusstheit Wesenheiten aus den niederen Astralreichen herbeiruft, um rituell mit ihnen zu verschmelzen. Hohe Macht, Reichtum und Einfluss werden diesen Menschen versprochen, wenn sie sich jenen Wesen hingeben und sie anbeten. Wir würden vielleicht meinen, dass wir in einer aufgeklärten, rationalen Kultur leben, die das Thema der sogenannten Götteranbetung lange hinter sich gelassen hat. Doch das, was damals unter dem sogenannten Stichwort der Teufelsanbetung lief, zog sich ununterbrochen über alle menschlichen Epochen bis in die heutige Moderne und wird heute global von elitär gehaltenen Kreisen weiterverfolgt. Alles, was Rang und Namen hat und sich selbst zur High Society zählt, kommt früher oder später in Kontakt mit diesen Subkulturen, und sie sind es, die momentan noch bestimmen können, was uns auf der Bühne der Oberflächenrealität vorgespielt wird.

Die Offenlegung großer Missbrauchsskandale, in denen halb Hollywood involviert war, kratzt an der Spitze des Eisberges dieser Subkulturen, und das Heraufdämmern dessen, wer und was diesen Planeten lange kontrolliert hielt, wird zu einem der größten Schockmomente der menschlichen Historie werden. Als normaler, gutgläubiger Bürger kann man sich das, was dort vor sich geht, nicht vorstellen und dennoch prägt dies in zentraler Weise das kollektive Unterbewusste des Menschen. Es sind nicht etwa die mafiösen Gruppierungen, die es versuchen, das personifizierte Böse auf diese Erde einzuladen, sondern es sind die Gruppierungen, die sich aus hochgebildeten, narzisstischen, psychopathischen Persönlichkeiten zusammensetzen, die in unserer Gesellschaft gut situierte Stellungen als Anwälte, Lehrer oder Ärzte einnehmen.

Viele von ihnen sind bereits in den familiären Kontext solcher Subkulturen hineingeboren und werden von früh auf mit den Ritualen des Kults vertraut gemacht, und je früher sie zum Opfer ihrer eigenen Rituale gemacht werden, desto sicherer ist es, dass sie später zum Täter innerhalb der

Strukturen heranwachsen. Seine eigenen Kinder rituell, und das heißt in diesem Kontext auch immer sexuell, zu missbrauchen, wird dort als ehrenvolles Opfer für einen ihrer Götter-Dämonen und als unabdingbares pädagogisches Programmierungsmuster gesehen. Um das Kind von seiner natürlichen Empfindung zu einem kaltherzigen Psychopathen und gesellschaftlich erfolgreichen Erwachsenen heranzuzüchten. Je nachdem, wie ein Kind in diesem Kontext gezeugt wurde und in welche Blutlinie es inkarniert, besitzt es eine festgelegte Bestimmung und eine ganz bestimmte Aufgabe in deren Strukturen, auf die es von Anfang an trainiert wird.

[...]

Um mehrere Rollen sowohl im Club als auch in der Gesellschaft übernehmen zu können, wird von früh auf mit Mitteln der Persönlichkeitsspaltung gearbeitet. Alles, was ein Kind an Missbrauch nicht verarbeiten kann, wird in der Psyche dissoziiert und in andere Persönlichkeitsebenen abgespalten. Und alle Menschen, die in einen aktiven Club hineingeboren sind, haben bis zu einem gewissen Grad viele voneinander abgespaltene Persönlichkeiten, sodass sie tagsüber unerkannt eine Kinderhilfsorganisation aufbauen können, um nachts dann einen ganz anderen Charakter auszuleben. Es gibt einen riesigen Haufen an astralen Wesenheiten, die wie versessen darauf sind, auf der materiellen Ebene einzuwirken. Größten Zugang zu einem Menschen bekommen sie, wenn sich dieser sexuell öffnet. In nahezu jedem sexuellen Missbrauch, und insbesondere dem Kindesmissbrauch, spielen astrale Besetzungen eine zentrale Rolle. Und wenn sich ein Wesen erst einmal eingeklinkt und sich in dem menschlichen System verankert hat, dann kann es sein Einflusssystem durch jeden Sexualkontakt ausweiten. Bitte stellt euch die Einflussreichweite über die Menschheit einmal vor, wenn bei jedem Missbrauch Besetzung übertragen wird, die sich mit jedem weiteren Sexualkontakt des Missbrauchten fortsetzt.

Die Menschheit hat sich hauptsächlich über ihre Sexualität versklaven lassen, und astrale Wesenheiten haben die Menschen heute noch an den Eiern und den Eierstöcken, da sie wissen, wie sie sie über die Besetzung ihrer Sexualorgane von Grunde auf lenken können. Für sie ist Sex – und grade, wenn er so ist, wie er pornographisch propagiert wird – wie ein Festschmaus, auf den sie sich gierig stürzen, um Energie abzusaugen. So viel uns über sexuelle Krankheiten erzählt wird, so unbewusst wird der Mensch über das gelassen, was sich wahrhaftig in den Schlafzimmern und zwischen den Ebenen der verschiedenen Schwingungsrealitäten abspielt. Viele therapeutische Einrichtungen und Psychologen besitzen nicht den blassesten Schimmer, womit sie es bei Patienten mit frühkindlichem oder gar rituellem sexuellen Missbrauch eigentlich zu tun haben und dementsprechend werden traumatherapeutische Methoden zum Teil so eingesetzt, dass sich das Besetzungsmuster dadurch sogar noch weiter festigt. Kindesmissbrauch ist unabhängig der Intensitätsstufe immer Teil der schwarzmagischen Praktik, die die Subkultur unsichtbar in die moderne Gesellschaft implementiert hat. Unsere Kultur ist bewusst durchsetzt von Programmen, die sich durch schwarzmagische Rituale in unser Unterbewusstsein einbrennen sollen. Jede rituelle Praktik lebt von der emotionalen Intensität, mit der sie ausgeführt wird, und weil Horrorgefühle so einnehmend und mächtig wirken können, haben die dort ausgeführten Rituale eine derartige Wirkung.

[...]

Mein Wunsch, zur Heilung des Planeten und der Menschheit beizutragen, hat mich gradewegs an die tiefliegendsten, dunkelsten Themen herangeführt und mir aufgezeigt, wo der gordische Knoten in der Verstrickung des menschlichen Geistes liegt. Auch wenn ritueller, das heißt bewusst durchgeführter, zeremonieller Missbrauch im Vergleich zu sexuellem Missbrauch, wo meist eine unbewusste Besetzung vorliegt, eher selten ist, so haben doch die meisten Psychologen früher oder später mit solchen Fällen zu tun. Doch leider verschließen die meisten Hilfeleistenden immer noch die Augen vor den gesellschaftlichen Konsequenzen, die das Trauma-Material ihrer Klienten deutlich zum Vorschein bringt. Die Dunkelziffer von rituellem Missbrauch ist vermutlich weitaus höher als bei allen anderen Arten von Gewalt, wobei die Aufarbeitung und therapeutische Integration dieses Themas in der kommenden Zeit von hoher Relevanz sein werden.

Heutzutage landet eine Mutter, die mitbekommt, dass ihr Mann die gemeinsamen Kinder rituell missbraucht oder missbrauchen lässt, eher in der Psychiatrie, als dass der Mann einem juristischen Prozess ausgesetzt wird, selbst wenn die Mutter eine evidente Beweislage vorbringt.

Der Macht- und Einflussbereich dieser eingeschworenen Vereine ist, gerade weil sie sich gegenseitig schützen und auch juristisch gut verteidigen können, nicht zu unterschätzen. Eigentlich sollten mutige Psychologen schon längst hellhörig geworden sein, wenn sie von mehreren unabhängigen Klienten ähnliche Ablaufvarianten von sexuellem Missbrauch geschildert bekommen. Und tatsächlich sind die Fallberichte und die dargestellten Ablaufszenarien von verschiedenen Opfern sexuellen Missbrauchs alle sehr ähnlich. Doch das Trauma-Material scheint so unmenschlich und widerwärtig, dass Therapeuten es eher dann als einen Wahn einstufen, als dass sie sich vorstellen können, dass es in diesem Land und zu dieser Zeit Subkulturen gibt, die verborgen Todesanbetungen vollziehen.

Ich möchte euch Details von dem, was dort geschieht, ersparen, und dennoch möchte ich darauf hinweisen, dass die dort ausgeführten Rituale energetisch so ausgefeilt sind, dass sie einen erheblichen Einfluss auf das gesamte kollektive Menschheitsgedächtnis ausüben. Und dass dieser Einfluss gerade deshalb so intensiv wirkt, weil wir ihn nicht wahrhaben wollen. Verschließen wir weiter unsere Augen, dann glaubt der Club weiterhin, dass er mit uns machen kann, was er will, und dass die niederen Kräfte, mit denen er zusammenarbeitet, tatsächlich allmächtig wären. Ich möchte hiermit sowohl an die Therapeuten und die Hilfeleistenden appellieren, ihre Augen nicht mehr vor solchen

Fällen zu verschließen, aber auch Betroffene ermutigen, mit dem, was sie erfahren haben, herauszukommen und sich einer Vertrauensperson mitzuteilen. Die Schwingungsenergie des Planeten hängt maßgeblich davon ab, wie aktiv diese Gruppierungen ihre Rituale weiterführen können oder nicht. Und gerade diejenigen, die in irgendeiner Weise damit in Kontakt waren, sind in der Verantwortlichkeit, Licht ins Dunkel dieser Thematik zu bringen.«

Das Video entführt den Leser in einer knappen Viertelstunde in einen Abgrund, der jedoch anderer Art ist als der unter dem Getty. Die Bilder physischer Tiefe werden hier gänzlich durch die undurchschaubarer Personenzusammenhänge ersetzt, das System der Röhren und Etagen durch Eliten-Netzwerke.

Der Autor will keine geringere Frage beantworten als jene, »warum die Menschheit aktuell ist, wie sie ist«. Gott spielt in seiner Antwort keine Rolle, andere Großinstanzen wie Natur oder Gesellschaft auch nicht. Die Welt ist demnach, wie sie ist, weil »unsere moderne Kultur von einer magischen Subkultur durchsetzt ist«, die »Wesenheiten aus den niederen Astralreichen« beschwört und damit eine Tradition der Teufelsanbetung fortsetzt, die die ganze Geschichte durchzieht. Der Teufel in Person tritt nicht auf, stattdessen, nach dem Wort »mein Name ist Legion«, eine Vielzahl von Dämonen. Trotzdem haben wir es hier nicht, frei nach Hans Blumenberg, mit einer dämonischen

Gewaltenteilung zu tun, sondern mit der monopolistischen Macht untrennbar verfilzter Eliten, die nun gewissermaßen auch noch ins Kosmische explodiert ist.

Die Perspektive ist also von gigantischen Dimensionen: Sie blickt global auf die Welt und universal auf die ganze Geschichte. Das Element, das zur Begründung des derzeitigen Zustands herangezogen wird, ist dagegen eine ganz spezielle Straftat, nämlich der Kindesmissbrauch. Dieser ist nun nicht »einfach« ein besonders abstoßendes Sexualverbrechen, sondern »immer Teil der schwarzmagischen Praktik, die die Subkultur in die moderne Gesellschaft implementiert hat.« Der Singular fällt auf: *eine* Subkultur und *eine* moderne Gesellschaft. Die Formulierung unterstreicht nochmals den universalen Charakter des Phänomens und vor allem sein Wesen als totalen Zusammenhang – die Welt hängt gewissermaßen in den Netzen einer einzigen riesigen Konspiration. Die Undurchschaubarkeit der gesellschaftlichen und politischen Realität wird mit einer Struktur geordneter Vielschichtigkeit beantwortet (»astrale Feldebenen« etc.), die durch »Schwingungsrealitäten« und »astralphysische Wechselwirkungen« lebendig zusammengehalten wird. Trotz des Schreckensszenarios erinnert das im Aufbau an die alten Modelle eines harmonisch geordneten Kosmos. Menschliche Handlungen erfolgen im großen »energetischen Zusammenhang« und haben damit Einfluss auf die »Schwingungsenergie des Planeten« – auf dieses Thema werden wir im nächsten Kapitel kommen.

Solche Weltanschauungen entwickeln sich, wir haben es oben schon gesehen, wie eine Perle um ein Sandkorn an Realität. Dieses Sandkorn sind im vorliegenden Fall die Realexistenz krimineller Praktiken der Pädophilie und ihre teilweise Förderung durch eine angeblich »progressive« Agenda. Diese selbst ist leider keineswegs imaginär und die Missbrauchsskandale, auf die Kaiser anspielt, ereigneten sich zu einem (besonders medienwirksamen) Teil in Künstler- und Politikerkreisen. In Frankreich zog Ende 2019 besonders die Affäre um den Schriftsteller Gabriel Matzneff weite Kreise. Die hyperliberale Einstellung von Teilen der 68er-Generation trug zum Ignorieren von Übergriffen bei, die ideologiebedingt wohl teilweise gar nicht als solche wahrgenommen wurden. Im Zuge der Bestrebungen, solche Praktiken zu entkriminalisieren, bildeten sich auch in Deutschland Netzwerke, die etwa *Die Welt* als »pädokriminelle Abgründe« charakterisierte.[45] »Eine Studie untersucht, wie vermeintlich progressive Netzwerke in Berlin Kinder von den 70er- bis in die Nullerjahre hinein sexuell missbrauchten. Pädophile Homosexuelle und linksautonome Projekte waren darin verstrickt. Ein Blick in menschliche Abgründe. [...] Das Berlin-Kreuzberg der 70er-Jahre sei ein Sammelsurium gewesen aus verschiedenen

Bewegungen, sagt Fock [ein Missbrauchsopfer aus dieser Phase; B. G.]. 68er, Hippies, die beginnende Schwulenbewegung. Sexuelle Selbstbefreiung wurde großgeschrieben, mit Slogans wie ›Das Gesetz kennt Grenzen, die Liebe nicht‹ oder ›Freie Liebe für freie Menschen‹. […] Es war die Phase, als die sexuelle Befreiungsbewegung und die homosexuelle Emanzipationsbewegung perverse Ableitungen fanden in der Forderung pädosexueller Gruppierungen nach Straffreiheit sexueller Handlungen von Erwachsenen mit Kindern und Jugendlichen. […] Die Unabhängige Kommission zur Aufarbeitung sexuellen Kindesmissbrauchs hat sich dieser pädokriminellen Netzwerke jetzt angenommen und eine umfangreiche Vorstudie vorgelegt. […] ›Viele lose Fäden‹ hätten sich bei der Recherche ergeben, sie sollten durch Archivarbeit und Zeitzeugengespräche zusammengeführt werden. Am Beispiel Berlin werde deutlich, wie die pädosexuellen Akteure die Debatte über die Entkriminalisierung männlicher Homosexualität für ihre Interessen nutzten. Bündnispartner hätten sie außerdem im linksliberalen Milieu gefunden sowie in Berliner Kinderrechtegruppen und der linksautonomen Szene.«[46]

Auch die soziale Verortung von Kaisers Eliten ist nicht so irreal wie das Szenario selbst: »Jeder Erwachsene beteiligte sich am Missbrauch. Der Freundeskreis vergrößerte sich, einer der Täter war Zahnarzt.

Rollenspiele absolvierte er am Behandlungsstuhl. Ein anderer Täter sagte zu Ingo: ›Kannst ja gern zur Polizei gehen. Ich werde verhindern, dass irgendwas dabei rauskommt.‹ Ingo, keine 13 Jahre alt, glaubte es sofort. Der Mann war schließlich Richter. [...] Erziehungs- und Sexualwissenschaftler, aber auch Soziologen fütterten diese Ansichten mit akademischen Thesen. Das Schwule Museum in Berlin zeigte noch 1991 bei einer Ausstellung den Nachlass eines pädosexuellen Pfarrers, der zehn- und 13-jährige Jungen missbrauchte und auspeitschte.«[47]

Für das Zustandekommen der Phantasie von der satanischen Wohlanständigkeit gibt es, wie man sieht, also durchaus Gründe. Sie folgt außerdem einem verbreiteten Muster, das wir bereits kennengelernt haben: Mit ihr bringt der Verfasser seine Ablehnung der Funktionseliten (die hier beim mittleren Bürgertum beginnen) und ihrer Ideologien zum Ausdruck. Michael Butters »Nichts ist, wie es scheint«[48] trifft hier ganz wörtlich zu in der Gegenüberstellung »tagsüber [...] Kinderhilfsorganisationen aufbauen« versus »nachts ganz anderen Charakter ausleben«. Für die Anwesenheit des Bösen schlechthin ist ausdrücklich nicht etwa »die Mafia« verantwortlich, sondern jene Schicht, die man gewöhnlich als Bildungsbürgertum bezeichnet (und heute als dessen Reste ansehen kann), also die »Stützen der Gesellschaft«.

(Ironisch ist, dass Kaiser als studierter Psychologe dieser Gruppe selbst zugerechnet werden kann.) Es ist übrigens dieselbe Schicht, aus der der klassische Museumsgänger stammt. Ihre Vertreter erscheinen als »hochgebildet« und gleichzeitig »narzisstisch« und »psychopathisch« (und man kann nicht umhin, sich zu fragen, ob Bildung hier als bestimmendes Moment für den narzisstischen und psychopathischen Charakter aufgefasst wird).

Die Unterstellung eines durchsexualisierten Lebensstils erinnert an die Vorwürfe gegen den Adel des Ancien Régime. Eine alte Denkfigur linker Milieus wird dabei nur aufgegriffen und gegen diese gewendet: Galten nicht Marx, Nietzsche und Freud als die »Meister des Verdachts« (Paul Ricœur) und galt »Verdacht« gegen die bürgerliche Gesellschaft auf ihren Spuren nicht viele Jahrzehnte lang geradezu als Voraussetzung für Intellektualität? Dieser Verdacht ist am ehesten als ein generalisiertes Misstrauen gegen nahezu jede Facette der bürgerlichen Gesellschaft beschreibbar – wer immer es unternahm, auch nur Aspekte des Bestehenden zu verteidigen, verfiel dem Verdikt des Affirmativen und war eigentlich nicht mehr ernst zu nehmen. Die Frankfurter Schule kultivierte diese Haltung sorgfältig. Ebendieses Misstrauen schlägt nun den linksgrünen Intellektuellen entgegen, die mittlerweile das Juste Milieu stellen, sowie den Entscheidungsträgern in Politik und Wirtschaft, die sich deren Mentalität zu eigen gemacht haben.

Der politische Vertrauensverlust hat hier kosmische Ausmaße angenommen. Das Einfallstor für dieses Böse bildet die Sexualität. Sie dient den Dämonen, die zugleich Energievampire sind, als Angriffspunkt,[49] um sich eines Menschen zu bemächtigen, ihn gewissermaßen zu übernehmen: sie »klinken sich ein«, »verankern sich« im menschlichen System und erweitern ihren Einfluss über Sexualkontakte. Das Böse herrscht hier also auf sexuellem Weg – eine erstaunliche Feststellung in einer Gesellschaft, die Sexualität in fast allen Manifestationen als positiv begreift, ja sogar zum Indikator eines gelingenden Lebens hochstilisiert. Sexualität ist im »Westen« zum Wert schlechthin avanciert, eine Setzung, die schon deshalb historisch singulär ist, da sie ohne die Entkopplung von Sexualität und Vermehrung nicht denkbar wäre. Diese Sicherheit ermöglicht erst die allgegenwärtige Überhöhung des Sexuellen und seine (Fehl-) Einschätzung als ausschließlich positive Kraft. Wird Wissenschaft praktisch als ein Synonym für Moderne aufgefasst, so gilt das seit kürzerer Zeit auch für die Vorstellung, es gäbe eine »sexuelle Identität«, deren Ausdruck nicht nur heilsam, sondern sogar ein eigenes Menschenrecht wäre.

Gegenströmungen waren daher bis jetzt fast inexistent. Wer sich skeptisch positionierte, wurde als prüde, spießig oder religiös fanatisch verdächtigt. Vor diesem Hintergrund ist eine negative, hier sogar dämonisierende Bewertung von Sexualität ein eindeutig diskulturales Element. Dies markiert maximale Distanz zu einer Gesellschaft, deren Wortführer in der Verteidigung von LGBTQ+-Rechten die höchsten westlichen Werte sehen.[50]

Die »Liebeserklärungen« an die Funktionseliten können übrigens auch noch bizarrer ausfallen, als diese als kosmischen Kinderschänder-Club zu porträtieren. Schließen wir das Kapitel mit einem besonders farbigen Zitat aus dem Telegram-Kanal von Traugott Ickeroth, einem Verfasser verschwörungsmythologischer »Sachbücher« und angeblichen »Wortführer der QAnon-Szene« (laut der Anti-Verschwörungstheoretiker-Website psiram.com): »Einen schönen guten Morgen! Die Elite ist nicht menschlich, auch wenn sie einen menschlichen Körper haben. Das ist sogar logisch nachvollziehbar, denn Menschen haben alle – mehr oder weniger – Empathie und Gefühle. Die Tiefstaatler, Illuminati, Kabale, khasarische Mafia, Satanisten oder Sumpfkreaturen haben diese Eigenschaften nicht. Daher ist es für sie ein Leichtes und normal, unmenschlich, ja grausam zu sein. Sie haben nicht die geringste Achtung vor menschlichem Leben, auch wenn sie sich Humanisten und Philanthropen nennen. Aufgrund ihrer Herkunft und Genetik haben sie kein oder nur ein retardiertes Herzchakra. Diese Wesen werden gehen, denn es wurde beschlossen, die Erde den Menschen zurückzugeben.«[51]

Strahlen, Wogen, Schwingen – Energie, Totalität und Paranoia

Die räumlichen Phantasien, die mit Vorstellungen von oben und unten arbeiten, finden ihr Gegenstück in einem Bedeutungsfeld, das sich der Idee einer Verortung weitestgehend entzieht. Dieses ist nicht ganz leicht zu charakterisieren, am ehesten kommt man ihm zunächst mit der sehr allgemeinen Beobachtung bei, dass es hier um alles geht, was strahlt, flutet, schwingt und, selbst unsichtbar, Wirkungen hervorbringt. Dieses semantische Feld ist bereits für die ältere Naturphilosophie von großer Bedeutung und wird von der modernen Esoterik beerbt und erneuert. Als treibendes Moment wirkt dabei die prominente Präsenz dieser Begriffe in den modernen Naturwissenschaften, insbesondere der Physik. Man kann davon ausgehen, dass es gerade die (wachsende) Unverständlichkeit und damit die Unzugänglichkeit dieser Fächer für den Laien sind, die außerhalb der Fachdisziplinen eine Verwendung frei nach Gusto erleichtern: Begriffe, deren Implikationen nicht oder nicht vollständig verstanden werden, sind dann für eine Adaptierung in beliebige Weltbilder frei geworden. Je hermetischer sich die Wissenschaften schließen, umso unbefangener kann mit Termini und Theoriebruchstücken jongliert werden.

»Zum Weltfrieden etwas Passendes zu Pfingsten, welches die ›Ausgießung des Heiligen Geistes‹ symbolisiert. Das Ziel des Transformationsprozesses ist die planetare Bewusstseinserweiterung im Sinne eines spirituellen Bewusstseins. So viele Menschen wie möglich sind eingeladen, diesbezüglich zu erwachen. Und sich mit dem lenkenden Feld zu verbinden. Das wird auch bei vielen Menschen geschehen. Darum bekommen wir auch Weltfrieden. Er fällt uns automatisch in den Schoß. Wie ein reifer Apfel. Sich darauf zu freuen, ist in sich schon die Manifestation. Daher finden wir bei vielen Pfingst-Gemälden die Friedenstaube. Das artspezifische morphogenetische Feld steuert das Einzelwesen so, dass es dem Kollektiv und damit auch sich selbst zum Wohl gereicht. Damit erübrigt sich jede politische Diskussion, da wir in eine Zeit gehen jenseits eines politischen Herrschaftssystems.

Ob mit dem ›Aufstieg‹ eine in unserer Welt sichtbare Veränderung zur höheren Feinstofflichkeit stattfindet, [...] weiß wohl niemand wirklich vorauszusagen. Mit hoher Wahrscheinlichkeit ist davon auszugehen, dass kosmische Veränderungen (Schumannfrequenz, Erdmagnetfeld, Sonnenaktivität ...) den Prozess unterstützen. Denn wie wir aus dem Mayakalender und den Veden wissen, ist alles in eine zyklische Entwicklung eingebettet. [Zitat aus verlinktem Artikel folgt:] ›Die menschliche Rasse kann in ihrer jetzigen Form nicht ohne ein elektromagnetisches/magnetisches Feld leben. Wenn dieses Feld zusammenbricht, wird es eine völlig neue Realität für uns bringen. Das ist der Grund, warum dies nicht in den Nachrichten zu sehen ist.‹«[52]

Diese Zeilen bieten dem Leser in nuce (fast) alles, was an esoterischen Motiven gut und teuer ist: Weltfrieden als Ausgießung eines (nur vordergründig christlichen) heiligen Geistes (eine Reminiszenz an den hippieesken Ursprung des New Age), Geschichte als Transformationsprozess mit dem Ziel einer Bewusstseinserweiterung im planetarischen Maßstab, ein morphogenetisches Feld,[53] naturwissenschaftliche Termini, die eher wie Schmucksteine in den Text eingesetzt sind, und schließlich das »uralte Wissen« (hier in exotischer Gestalt) in Form von Mayakalender und Veden. Christliches erscheint maximal als Versatzstück und umgedeutet, denn: »Der Heilige Geist, der an Pfingsten zur Beglaubigung der von Jesus gepredigten Lehre herabgesandt wurde, ist keine kosmische Energie, sondern, wie dieser, Person der Trinität, Erlösung kein Selbstoptimierungsprojekt, sondern Gnadenakt eines souveränen Gottes.«[54] Dies macht den Unterschied sehr deutlich: Der persönliche Charakter der Gottheit wird durch eine vage Vorstellung von Energie ersetzt; die Erlösungsaktivität – und damit die Aktivität überhaupt – geht von der Gottheit auf den Menschen über.

Die Rede von »Energie(n)« und die damit häufig verbundene »planetarische« Perspektive sind aber in der Erfolgsgeschichte der Esoterik nicht nur deshalb ein Asset, weil sie vage sind (und damit Anschließbarkeit sicherstellen und Widersprüche neutralisieren), sondern weil sie erlauben, den religiösen Kosmos zu *entpersonalisieren* bzw. – genauer – von autoritativen Gottesbildern zu »entlasten«. Sie entsprechen damit dem egalisierenden Zug, der die gesamte Moderne durchzieht, und noch mehr der antiautoritären Drift, die mit den sechziger Jahren des letzten Jahrhunderts an Fahrt aufnahm. In einer Gesellschaft, die »Paternalismus« und »Patriarchat« als Schimpfwörter begreift, gerät eine Religion, deren Semantik einer an diesen Mustern orientierten Zeit und Kultur entstammt, schnell ins Hintertreffen (sofern sie nicht den Bonus des »Anderen« für sich verbuchen kann wie der Islam). Das Gleiche gilt für das verwandte Konzept von Gott als König »im höchsten Thron« mit einem Hofstaat himmlischer Heerscharen. Die geschichteten und personalisiert geführten Gesellschaften, denen diese Bilder als selbstverständlich einleuchteten, sind nicht mehr, und ein verinnerlichtes und in alle Poren gedrungenes Ideal der Egalisierung führt zu inneren Widerständen und nachlassender Identifikation. Ein diversifizierter Kosmos, in dem alle möglichen (kulturell »bunten«) »Mächte und Gewalten« wirken und schalten, vermeidet diese »autoritären«

Assoziationen und erlaubt es, die heikle Frage der Personalisierung (»alter Mann mit Bart«) so flexibel zu handhaben, dass das Problem praktisch unsichtbar wird.

»Es ist also ein unveränderliches Gesetz in der Natur, daß alle Körper als Wirkung der Konsolidazion wechselseitig aufeinander Einfluß haben, das heißt: *daß zwischen allen Körpern Verhältnisse von ein= und ausgehenden Strömen irgendeiner Flut vorhanden sind.* [...] Dieser gegenseitige Einfluß und die bewiesenen Wechselverhältnisse zwischen allen zusammenbestehenden Körpern ist dasjenige, was man *All=Magnetismus (Universal= oder Welt=Magnetismus)* nennen kann.«[55]
Hier werden in sehr allgemeiner und deshalb universell kompatibler Form zwei Grundannahmen getätigt: Erstens, dass alles mit allem in Verbindung steht, und zweitens, dass diese Verbindung durch »Ströme irgendeiner Flut« hergestellt wird. Die erste Annahme entspricht der Idee der »großen Kette der Wesen« oder großen Seinskette, die sich schon bei dem spätantiken Denker Plotin findet, der als Begründer des Neuplatonismus großen Einfluss auf die Naturphilosophie und ihre esoterischen Verästelungen ausübte. Sie wird hier im späten 18. bzw. frühen 19. Jahrhundert von Franz Anton Mesmer, dem Erfinder des »thierischen Magnetismus«, aufgegriffen und leicht variiert dem naturphilosophischen Diskurs seiner Zeit angepasst.

Das setzt sich das 19. und 20. Jahrhundert hindurch ungebrochen fort. Was bei Mesmer noch »irgendwelche« Fluten sind, wird sich alsbald konkretisieren. »Die Entdeckung der Röntgenstrahlen, der elektromagnetischen Wellen und der drahtlosen Telegraphie gab vielen das Gefühl in einer sowohl sinnlich wahrnehmbaren als auch unsichtbar-übersinnlichen Welt zu leben. [...] Durch Röntgens Entdeckung der nach ihm benannten Strahlen (1895), Hertz' Nachweis elektromagnetischer Wellen (1888) sowie die Erfindung einer praktikablen drahtlosen Telegraphie (1900), die sich dieser Wellen bediente, bekamen Laien eine völlig veränderte Vorstellung vom Raum. Dieser zufolge bestand die Welt aus Schwingungswellen, die sich der menschlichen Wahrnehmung durch das bloße Augen entziehen. Die Physik liefert eine Begrifflichkeit, die von Okkultisten und Parapsychologen verwendet wurde, um das Übersinnliche zu veranschaulichen. Zu diesen der Physik entlehnten Begriffen gehören *Schwingung, Welle* und *Strahlen*. Die Entmaterialisierung der Materie zugunsten sichtbar-unsichtbarer Wellen und Schwingungen bahnte Theorien über die Stofflichkeit des Unsichtbaren, beispielsweise des Psychischen, den Weg.«[56] Man sieht hier wieder einmal, dass Wissenschaft kein »Gegenteil« von Okkultismus in seiner modernen Form darstellt, sondern diesen erst ermöglicht. Als Spolien, Beutestücke aus der Welt der Wissenschaft, finden all diese

Strahlungen, Wellen und Energien den Weg in die Diskurse der »Erfahrungsmetaphysik«. Dass das 20. und 21. Jahrhundert diese Tendenz noch verstärken, liegt auf der Hand.

Auch in Rudolf Steiners Anthroposophie spielt die Vorstellung von Strahlen und Strahlungen eine erhebliche Rolle.[57] Über die »neun Schichten des Erdinneren, die sich der okkulten Anschauung [also hellseherisch; B. G.] offenbaren« schreibt Steiner zum Beispiel: »Alle diese Schichten sind miteinander verbunden durch Strahlen, die den Mittelpunkt der Erde mit ihrer Oberfläche verbinden«, die Erzengel strahlen Licht ab, Luzifer sendet Strahlen, und die »Gruppenseelen der Pflanzen« strahlen vom Erdmittelpunkt aus.[58] Zudem verfasst Steiner kühn »Geisteswissenschaftliche Impulse zu einer Entwicklung der Physik«, wo dann auch u. a. Röntgenstrahlen thematisiert werden – freilich umfasst das Konzept »Strahlung« hier eben nicht nur naturwissenschaftliche Konzepte, sondern auch metaphorische Zusammenhänge wie »Strahlung und Willenskräfte« oder die »Ausstrahlungen des Menschen«. Sich darüber zu erregen, weil es sich um »unwissenschaftlichen Unsinn« etc. handle, ist sinnlos oder besser: ein Kategorienfehler, weil wir uns hier in einem Kosmos befinden, der ganz auf die Produktion einer *sinn-* und *bedeutungs*vollen Weltdeutung angelegt ist, also genau jener Kategorien, die die Naturwissenschaften am Beginn ihrer steilen Karriere

Wolf Lepenies zufolge ausschließen mussten, um sich zu konstituieren.

Auch die Schwingungen haben ihren Platz. Ein Beispiel für die Fortführung oder Wiederbelebung romantischer Diskurse und ihre Anbindung an aktuelle Schlagworte ist die Idee der Lichtsprache. »Am Anfang war das Wort. Und so entstand die Erde. Die Erde formte sich durch eine *Frequenz.* Und dies ist die Frequenz der göttlichen Schöpfung. Lichtsprache ist reine *Schöpfungsenergie.*«[59] Man sieht, wie auf den biblischen Schöpfungsbericht zugegriffen wird, dieser aber offenbar nicht »ausreicht«, sondern durch die Entlehnung eines naturwissenschaftlichen Begriffs (»Frequenz«) »modernisiert« werden muss. Lichtsprache ist demnach »Seelensprache, die Sprache deiner Seelenessenz, die Sprache deines Herzens, die Sprache deines Ursprungs«; sie hilft auch bei »Verkörperung der neuen Informationen, die wir brauchen, um unsere DNA ausweiten zu lassen«, kann bei diversen Beschwerden eingesetzt werden, harmonisiert Chakren, stellt eine Verbindung mit höheren Bewusstseinsebenen her usw. Die heutigen Sprachen dagegen stellen ein Verfallsstadium dar – »Eine der größten Manipulationen, die am menschlichen Bewusstsein je vorgenommen wurden, liegt in der Sprache, mit der wir uns austauschen« –, da sie ein Ergebnis der babylonischen Sprachverwirrung sind und Babylon als »Geburtsstätte des bis heute anhaltenden satanischen Systems« gelten muss. »Alles in der Schöpfung wurde durch ursprüngliche Schwingungs- oder Schöpfungssprachen aufgebaut, es gibt kein machtvolleres Schöpfungswerkzeug«. Die Natur spricht in »schöpferischen Schwingungsidiomen«, der Mensch hat sich aber von ihr abgekehrt. Sein linearer Verstand, durch Babel umprogrammiert, kann die Sprache der Schöpfung nicht mehr begreifen, da er sich einer »tiefschwingenden Verstandessprache« bedient (»höhere Schwingungsebenen« sind in diesem Zusammenhang immer positiv besetzt).

Während den Schwingungen und Frequenzen meist etwas Freundliches, Harmonisierendes und Integratives anhaftet, ist die Vorstellung der Strahlung und der Strahlen im Verhältnis zu ihrer früher dominant positiven Besetzung (es ist das Göttliche, das strahlt) in Misskredit geraten, was angesichts von Assoziationen wie Hiroshima oder Tschernobyl nicht überraschen kann. Auch die Strahlenangst hat einen durchaus rationalen Kern oder, wenn man so will, Aufhängungspunkt: Strahlen im Zusammenhang mit Atomkraft, Röntgenstrahlen, Betastrahlen, Gammastrahlen, die ganze fortgeschrittene Moderne ist voll von ihnen. Und nicht einmal mehr der Natur kann man vollends trauen: Sogar die zuvor als gesund geltenden Strahlen der Sonne erweisen sich als Krebsrisiko. Als unsichtbares, unhörbares Agens sind

Strahlen und Strahlungen das ideale Medium der Paranoia. Kein Zufall, dass der wohl berühmteste Fall von Paranoia, nämlich der Senatspräsident am Dresdner Oberlandesgericht Dr. Daniel Paul Schreber, dem Freud eine Studie widmete, in seinen *Denkwürdigkeiten eines Nervenkranken* ebenfalls von Strahlen geplagt wird.[60]

»Die Strahlenwaffe ist bereits auf uns gerichtet! 5G kommt nicht zufällig genau jetzt in der von langer Hand geplanten ›Fake‹-Pandemie und den dadurch verabreichten Impfstoffen. Zudem liegt nahe, dass Verbindungen zwischen Magnetismus, Nanobots und elektrische[r] Strahlung bestehen. Es wurde, wenn man so will, ›heimlich‹ installiert, als die Menschen durch Lockdowns eingesperrt waren.«[61] – »Der wichtigste Punkt hierbei ist zu verstehen, dass es ›Corona‹ in dem Sinne nicht gibt. Es ist eine leichte Erkältung, welche jedes Jahr auftritt und auch entsprechende Todesopfer bei jenen mit eingeschränktem Immunsystem fordert. Die Toten in Wuhan, welches Merkel September 2019 besuchte (merkwürdig), gehen auf 5G zurück. Die Aussendung der elektromagnetischen Krankheitssignatur durch gepulste Mikrowellen war (absichtlich?) zu stark; die Lungenalveolen platzten und die Erkrankten spuckten Blut. Um dies zu verheimlichen, wurden sie direkt kremiert. Der Covid-19 Hype ist wie ein Vorhang, damit wir nicht sehen, was hinter dem Vorhang geschieht. Hinter dem Vorhang ringen zwei Mächte: Der Tiefe Staat weltweit (Deep State) und die Lichtkräfte. Für den DS/Illuminati (in Hexensprache ›Moreya‹ – Der erobernde Wind) ist es die letzte Chance, die Neue Weltordnung einzuführen; daher Corona, und gleichzeitig der Versuch, durch Massenimpfungen die gesamte Menschheit zu implantieren, Bargeld abzuschaffen, Trump zu beseitigen usw. Die Lichtkräfte benutzen die DS-Agenda, um geschickt und erfolgreich dagegen vorzugehen. Also: Vorhang auf!«[62]

Die Verbindung von 5G und Corona wird häufig hergestellt und bietet sich aus der Logik dieser Diskurse heraus an: Als Bild der Unfassbarkeit der Moderne und ihrer technisierten Herrschaftspraktiken erscheint die Strahlung als eine Form entmaterialisierter Bedrohung. Sie ist überall, man kann sich gegen sie kaum schützen – und 5G erscheint als deren neueste Ausgabe. Im Guten wie im Bösen verbildlicht sie den Grundsatz, dass alles mit allem verbunden ist.

Antworten die Tiefenphantasien auf die allgemeine Undurchschaubarkeit der Verhältnisse und die Distanz der Politfunktionäre zu großen Wählergruppen, so reagiert das Motiv der Strahlen auf das alles Durchdringende der neuen Macht und ihrer Technologien – einer Macht, die danach strebt, sich im Innersten des Bürgers anzusiedeln, der wieder zum Untertanen wird, und zwar so unentrinnbar wie nie zuvor.

Metaphysik der Impfung

1. Corona, Steiner, Impfen

»In den vergangenen Monaten war immer wieder von den Anthroposophen die Rede, und zwar selten nett. Waldorf-Lehrer verweigerten die Maske. An Steinerschulen kam es zu Covid-19-Ausbrüchen. Ein anthroposophisch geführtes Altersheim warnte seine Bewohner vor der Impfung. Natürlich wurden die Anthroposophen auch an den Anti-Corona-Protesten identifiziert. Manche Medien verwenden die Namen Querdenker, Corona-Leugner, Verschwörungstheoretiker als Synonyme für sie.«[63]

»Selten nett« ist äußerst zurückhaltend formuliert. Die Corona-Krise ging Hand in Hand mit auffallend massiven medialen Attacken gegen Waldorfschulen, die zuvor über Jahrzehnte hinweg beim grünliberalen Bürgertum ganz außerordentlich beliebt waren. »Was die Anthroposophie für viele auch über hundert Jahre später anziehend macht, ist die geistige Heimat, die sie bietet, während rundherum alles als unsicherer empfunden wird. In einer Studie der Universität Basel über Corona-Skeptiker sagten 72 Prozent der

Befragten, die Krise zeige, wie sich der Mensch von der Natur entfernt habe. Unter ihnen waren viele, die sich dem grünen, esoterischen oder anthroposophischen Milieu zuordnen. Weit über die Hälfte war der Ansicht, dass mehr spirituelles und ganzheitliches Denken der Gesellschaft guttun würde.«[64]

Plötzlich aber schien die geborgene Welt für den Nachwuchs eines gehobenen Publikums zur Bedrohung mutiert zu sein. Auffallend gleichzeitig intensivierten sich die Kampagnen gegen die Homöopathie und wurden immer aggressiver. Bemerkenswert ist, dass die breite Streuung und die Heftigkeit der Angriffe mit der Kampagne für die Impfung und gegen Ungeimpfte parallel liefen. Gehetzt wurde gegen alles, was vom plattesten Neopositivismus in irgendeiner Form abwich. Das kann nicht nur an materiellen Motiven liegen, denn mit Homöopathie und homöopathischen Arzneimitteln lässt sich ebenfalls Geld verdienen. Ginge es also nur darum, wäre es naheliegend und eleganter für Big Pharma, die alternativmedizinische Konkurrenz einfach aufzukaufen und beide Kanäle selbst zu bedienen. Da dies nicht der Fall ist und stattdessen massiv auf die Verdrängung aus dem Markt gesetzt wird, müssen andere Gründe eine Rolle spielen. Diese sind sowohl ideologischer als auch machttechnischer Natur: Die One-World-Ideologie geht, wie wir oben gesehen haben, mit einem erneuerten »Wissenschaftskult« einher, der Neuauflage eines Szientismus, der den transhumanistischen Kontrollphantasien als Grundlage dient und übrigens auch die propagierten »Nudging«-Methoden fundiert, die behavioristische Wurzeln haben. Aus dieser Perspektive ist jedes Lehr- und Gedankengebäude, das hier Widerstand bieten und Sand ins Getriebe streuen könnte, von Übel, und jede daran anschließende Praxis erst recht. Dagegen ist jedes Mittel willkommen, und die Pandemie-Hysterie bot eine glänzende Gelegenheit zur Stigmatisierung widerständiger Elemente als irrational, überholt, gar gefährlich.

Die generelle Unterstellung, die Anthroposophen seien durchgängig Impfgegner, ist allerdings falsch. »Anthroposophische Ärzte sind nicht generell gegen Impfungen. Sie sind aber für die Respektierung der individuellen elterlichen Impfentscheidung. Dazu gehört natürlich auch, sich differenziert mit dem Thema auseinanderzusetzen und Vor- und Nachteile sorgfältig gegeneinander abzuwägen. Auch Fragen nach den langfristigen Auswirkungen einer Impfung sollten in Ruhe gestellt werden können – und zwar im jeweiligen Einzelfall. Eine Impfung im Kindesalter stellt immer einen Eingriff in das sich entwickelnde Immunsystem dar. Leider fehlen Untersuchungen über langfristige Impfauswirkungen und die Nachhaltigkeit von Impfprogrammen weiterhin fast vollständig. Als schwierig gilt die Studienlage auch, weil die Mehrzahl der wissenschaftlichen Studien über die Impfstoffsicherheit von Impfstoffherstellern (mit)finanziert ist, sodass es kaum unabhängiges Studienmaterial gibt.«[65] Das ist alles andere als irrational, insbesondere was den Hinweis auf die Interessenkollision bzw. die fehlende Unabhängigkeit der Forschung betrifft – ein Hinweis, der im ideologiegeschichtlichen Normalfall von der Linken hätte kommen müssen, die den Slogan »Follow the money!« offenbar ebenso eingemottet hat wie ihren kritischen Verstand.

Bei Steiner selbst ist das Impfen eingebettet in seine komplizierte Lehre vom Körper, zu dem außer dem physischen noch Ätherleib, Astralleib usw. gerechnet werden, also Hüllen, die in seiner visionären Sicht den Körper umgeben. Charakteristisch für den kulturkritischen Impuls esoterischer Doktrinen ist es, dass Steiner Impfungen in einem Spannungsfeld von Materialismus versus Spiritualität ansiedelt. Anhand der Pockenimpfung erläutert er seine Auffassung, dass diese nur »materialistisch erzogenen« Personen Schaden zufügen werde. »Er [der Mensch; B.G.] wird konstitutionell materialistisch, er kann sich nicht mehr erheben zum Geistigen.« Anthroposophen dagegen könnten problemlos geimpft werden. Diese auf den ersten Blick befremdliche Auffassung erschließt sich, wenn man sich vor Augen führt, dass Steiner Krankheiten wesentlich für eine Sache der geistigen Gesundheit und Widerstand dagegen für eine Sache des Willens hält. Von sich selbst berichtet er: »Man kann sagen, daß die Ansteckungsgefahr doch eine außerordentlich starke ist bei der Pockenerkrankung. Nur sollte man nicht so leichtsinnig sein, just immer gleich an physische Vermittlung zu denken bei der Übertragung, sondern es sind sogar bei der Pockenerkrankung besonders stark vorliegend die psychischen Anlagen. Dafür könnte ein Beweis der sein, daß man sich sehr gut schützen kann, wenn man in der Lage ist, sich in rechter Art abzuschließen. Ich darf darüber deshalb sprechen, weil ich einmal als zweiundzwanzigjähriger Mensch [...] einen Schüler unterrichtet habe, dessen Mutter mit schwarzen Pocken unmittelbar daneben lag, nur durch eine spanische Wand getrennt von der Stube, in der ich meinen Unterricht gab. Ich habe nichts dagegen gemacht, habe den Unterricht die ganze Zeit fortgesetzt, bis die Mutter wieder gesund geworden ist. Aber ich habe das ganz gern getan, namentlich auch, um zu sehen, wie man sich schützen kann, wenn man absolut den Pockenkranken, also auch den an schwarzen Pocken Erkrankten, nimmt ganz objektiv wie ein anderes Objekt, wie einen Stein oder einen Strauch, dem gegenüber man gar keine weiteren Furchtgefühle noch sonst psychische Regungen hat, sondern ihn nimmt als objektive Tatsache. Da ist in der Tat der Ansteckungsgefahr in hohem Maße zu begegnen. Daher kann schließlich der psychische

Faktor auch bei der Ansteckung stark mitspielen.«[66] Hier ist einerseits die hohe Bedeutung des Willens bzw. der Willensanspannung erkennbar, die für die Zeit, in der Steiner schreibt, typisch ist. Nietzsches Einfluss ist schließlich ein sich in diesen Jahrzehnten erst vollständig entfaltendes Phänomen. Willensmetaphysik ist wichtig für eine Zeit, die sich selbst vielfach als ausgesprochen willensschwach-dekadent beschreibt. Dieser Zug zieht sich im Übrigen durch die Esoterik und die Magie des 20. Jahrhunderts bis hin zur ganz unspirituellen Lebens- und Selbsthilfe, mit der auch heutzutage ein beachtlicher Markt bedient wird. Die Vorstellung, Ziele ausschließlich durch Willensanspannung erreichen zu können, passt zu einer individualisierten Gesellschaft, die das Individuum zunehmend ohne verbindliche Regeln im Stich, das heißt mit sich alleine lässt.

Die Vorstellung der Beherrschung der Welt aus dem Willen heraus ist angesichts der Widerständigkeit der Realität selbst magisch. Sie ist einer der Zauber, die sich Individuen zurechtlegen, um in der Konkurrenzgesellschaft überleben zu können. Es ist folgerichtig, dass der vielleicht einflussreichste »Magier« des 20. Jahrhunderts, Aleister Crowley, prononcierter Vertreter einer Willensmagie war.

Bei Steiner steht das jedoch in einem viel handfesteren Kontext. Die Überschätzung der Selbst-Wirksamkeit des Subjekts ist aber die gleiche. Es ist die subjektiv errungene Einstellung, die den Triumph über die Ansteckung herbeiführt. Sie wird vermieden, indem der ansteckende Kranke zum gleichgültig-ungefährlichen Objekt depotenziert wird, sofern man in der Lage ist, »sich recht abzuschließen«. Auch das Sich-Abschließen findet ein Echo in heutigen spirituellen Praxisformen oder populärpsychologischen Ratgebern, in denen dem Ratsuchenden nahegelegt wird, sich geistig mit einer schützenden Hülle zu umgeben, indem er sich diese möglichst plastisch vorstellt.

Was Impfungen betrifft, verhält sich Steiner im Bedarfsfall keineswegs sektiererisch, sondern durchaus pragmatisch. Zwar sieht er die Pockenimpfung bei Menschen, die »vorzugsweise mit materialistischen Gedanken heranwachsen«, als eine »ahrimanische Kraft«, aber wenn diese Einstellung nun einmal verbreitet sei, müsse man ihr auch Rechnung tragen: »Da muss man eben impfen. Es bleibt nichts anderes übrig. Denn das fanatische Sichstellen gegen diese Dinge ist dasjenige, was ich nicht aus medizinischen, aber aus allgemein anthroposophischen Gründen, ganz und gar nicht empfehlen würde. Die fanatische Stellungnahme gegen diese Dinge ist nicht das, was wir anstreben, sondern wir wollen durch Einsicht die Dinge im Großen anders machen.« Das unterscheidet sich sowohl von der verbissenen Impfgegnerschaft als auch vom Impffanatismus, die beide mit Corona neu belebt wurden. Steiner geht sogar so weit, zu sagen: »Ich habe das immer, wenn ich mit Ärzten befreundet war, als etwas zu Bekämpfendes angesehen, zum Beispiel bei Dr. Asch, der absolut nicht geimpft hat. Ich habe das immer bekämpft. Denn wenn er nicht impft, so impft eben ein anderer. Es ist ein völliges Unding, so im einzelnen fanatisch vorzugehen.«[67] Es lässt sich vermuten, dass es dieser gesunde Schuss Pragmatismus und Flexibilität ist, der der Anthroposophie ein langes und erfolgreiches Leben beschert hat. Die Anschlussfähigkeit einer Lehre und ihre Chancen, sich in gelebte Praxis zu verwandeln, sind einfach höher, wenn ihre Anhänger einen gewissen Spielraum bei der Wahl zwischen rigoroser, vollständiger Übernahme detailreicher metaphysischer Lehrgebäude und situativer Anpassung an ihre andersdenkende Umwelt haben.

»Unzählige Stunden hat er [der Landwirt Martin Ott; B. G.] Präparate verrührt und ausgebracht. Kristallwasser in der Morgendämmerung, Kuhmist beim Eindunkeln. Er rührte und wirbelte, während der Tag erwachte oder zu Ende ging: ›Unglaublich schön.‹ Rituale festigen einen Glauben, der ohne sie vielleicht längst verschwunden wäre. Sind das nicht einfach leere Handlungen? Nein, sagt Ott. Es gehe um die Erzählung hinter dem Horn, dem Mist, dem Löwenzahn. ›Du bist es, der mit allem in Beziehung tritt und ihm eine Bedeutung gibt.‹«[68] Der Ausschnitt aus dem

Gespräch einer Journalistin der *Neuen Zürcher Zeitung* mit dem Leiter eines Demeter-Hofes zeigt, dass manche Anthroposophen weiter sind als jene Kritiker, die sie zu einer Bedrohung stilisieren. Der Landwirt versteht die Bedeutung von Ritualen als Setzung ebenso wie die bedeutungsgebende Rolle dessen, der sie praktiziert. Es handelt sich nicht um bedingungslosen Glauben, sondern um genau die Metaphysik unter Vorbehalt, wie sie für die Esoterik der Moderne charakteristisch ist – man kann das ganz banal als »Geschwurbel« denunzieren, man kann aber auch sehen, dass genau das eine enorme Anpassungsleistung darstellt, der es gelingt, Transzendenzbedürfnisse mit einer ihnen feindlichen Umwelt zum Ausgleich zu bringen. Schon deswegen sind Formulierungen wie die von der »radikalen Gedankenwelt der Esoterik«[69] verfehlt.

Allerdings ist das nur die eine Seite der Medaille, denn Steiners Auffassung von kosmischer Gerechtigkeit erzeugt auch Aussagen wie diese: »Das Innere drückt sich immer später im Äußeren aus. Eine Krankheit ist die karmische Folge einer früheren verkehrten Tat, zum Beispiel einer Lüge. Wenn eine solche real wird, so wird sie eine Krankheit. Seuchen gehen auf weit zurückliegendes Unrecht der Völker zurück. Sie sind etwas Unvollkommenes, das von innen nach außen gerückt ist.«[70] Diese auch außerhalb der

Anthroposophie verbreitete Ansicht rationalisiert das Unglück der Krankheit, indem es dem Patienten als Schuld zugerechnet wird, und stellt eine bedenkliche Schwäche der »Sinnhuberei« dar, deren positive Seite wir oben anhand der Deutung des Misthorn-Rituals gesehen haben. Das Individuum ist zwar in einen großen Zusammenhang eingebettet, aber um den Preis, an seinen Schicksalsschlägen selbst schuld zu sein.[71] Interessanter für unser Thema ist aber die Spannung zur Wissenschaft, die Steiners Einstellung zum Impfen kennzeichnet und die eine scharfe Wahrnehmung der Grundproblematik erkennen lässt: »Wenn die Leute so furchtbar spotten über die Gespenster des mittelalterlichen Aberglaubens, dann möchte man wohl sagen: Ja, hat sich denn in Bezug darauf etwas besonders geändert? [...] Fürchten die Leute nicht heute viel mehr Gespenster als dazumal? [...] Diese mittelalterlichen Gespenster waren wenigstens anständige Gespenster, aber die heutigen Bazillengespenster sind zu knirpshaft, zu unanständige Gespenster, als dass sie die Furcht begründen sollten, die zudem erst im Anfange ist und die da macht, dass die Menschen gerade hier, auf gesundheitlichem Gebiet, in einen Autoritätsglauben geraten werden, der furchtbar ist.« Nun ist die Gleichsetzung von Wissenschaft und Aberglauben natürlich einem Ressentiment entsprungen und falsch, die Parallelisierung von Wissenschafts*gläubigkeit* mit Aberglauben dagegen, wie oben gezeigt, eine zutreffende Beobachtung. Der Charakter einer phantastischen Kulturkritik wird dabei sehr deutlich: Das Problem einer blinden Wissenschaftsgläubigkeit existiert und diese kann (wie in der aktuellen Situation »nach« Corona und »in« der angeblichen Klimaapokalypse besonders deutlich wird) sehr wohl massive Schäden hervorrufen; es wird von Steiner aber in ein spirituelles und kosmisches System eingespannt, vor dem es wie in einem Zerrspiegel erscheint. Die Impfung gerät dabei pars pro toto zum zentralen *Symbol* für die materialistische Wissenschaft, gegen die sich Steiner in Frontstellung befindet. Das Impfen bietet sich dafür an, denn es handelt sich um einen invasiven Vorgang, der unkontrollierbare körperliche Reaktionen in Gang setzt, die schützen oder aber in eine physische Schädigung münden können. Daher wird das »materialistische Zeitalter« selbst zu einem, das gegen »alle spirituelle Entwicklung« zu »impfen«, also zu immunisieren versucht. »Solch eine Strömung, bei einzelnen Menschen ist sie heute schon bemerkbar, wird sich immer mehr und mehr vertiefen. Es wird die Sehnsucht entstehen, dass allgemeines Urteil wird: Das Spirituelle, das Geistige ist Narretei, ist Wahnsinn. – Das wird man dadurch zu erreichen suchen, dass man dagegen ein Impfmittel herausbringt, dass man, so wie man auf Impfmittel gekommen ist zum Schutz gegen Krankheiten, nun auf gewisse Impfmittel kommt, die den menschlichen Leib so beeinflussen, dass er den spirituellen Neigungen der Seele keine Wohnung gewährt. Man wird die Menschen gegen die Anlage für geistige Ideen impfen.«[72]

Wie wir an den nächsten Textbeispielen sehen werden, sollte sich dieser Passus als überaus einflussreich erweisen. Impfungen treiben Kindern die »Neigung zur Spiritualität aus« und »materialistischen Medizinern wird man es übergeben, die Seelen auszutreiben aus der Menschheit.« Vor allem aber: Impfen beschädige einen Teil der spirituellen Körper, die den Menschen gemäß der anthroposophischen »Hüllenanthropologie« umgeben. Das, so werden Nachfolger schließlich auch im Zusammenhang mit der Corona-Impfung schließen, mache sich auch »nachtodlich« bemerkbar.

2. RNA-Impfstoffe und das Leben nach dem Tod

Der sich »übersinnlichen Forschungen« widmende Autor Thomas Mayer treibt den Gedanken, dass (besonders: Corona-)Impfungen sowie manche Medikamente bestimmte Schichten des spirituellen Leibes beschädigen, weiter, indem er »Corona-Impfschäden im nachtodlichen Leben« untersuchen möchte. Diese halten die Seele auf der Erde fest. Mayer schreibt: »Diese Wirkungen [der Impfstoffe auf die »menschlichen Wesensglieder«; B. G.] hören mit dem Tode nicht auf. Mit dem Tod wird nur der materielle Körper abgelegt, die geistigen Wesen und Kräfte der Corona-Impfungen wirken weiter. Was bedeutet das konkret für Verstorbene?

[...] während eines Arbeitstreffens hatte ich erstmals die Möglichkeit, eine Verstorbene, die vor dem Verlassen des Körpers eine Corona-Impfung erhalten hatte, übersinnlich wahrzunehmen. Der Ätherleib der Verstorbenen war zusammengezogen, schräg und verspannt, die Seele war daran gekettet, traurig, leidend, einsam und orientierungslos in der Dunkelheit. Normalerweise weitet sich nach dem Tode der Ätherleib und so wird das Lebenstableau frei, in dem der Verstorbene alle Erinnerungen seines vergangenen Lebens in Gleichzeitigkeit und größter Klarheit erlebt. Das geschah hier nicht, das Lebenstableau war verhindert, die Seele hing erdgebunden fest. Kein Licht der geistigen Welt erreichte sie. [...] Die Kolleginnen und Kollegen des Treffens hatten dieselben Eindrücke. Mit Hilfe eines Fotos konnten wir uns in einen früheren Zustand der Verstorbenen einleben und fanden eine warme, freudige Seele. Die Corona-Impfung hatte offenbar eingeschlagen wie eine Bombe.

Aus so blockierten Zuständen können Seelen sich erfahrungsgemäß nicht in absehbarer Zeit befreien. Sie benötigen ein Einwirken von außen. Geistige Interventionen, die von inkarnierten Menschen angeregt werden, können hier helfen. Wir taten für diese arme

Seele unser Bestes, ihr in einen Entwicklungsprozess zu helfen.«[73] Diese Beschreibung ist die erstaunliche Kombination aus einer modernen Alltagssituation (ein Arbeitstreffen, bei dem Kollegen zu übereinstimmenden Ergebnissen kommen, nur dass die das Ergebnis nicht etwa eines Befundes anhand eines Röntgenbildes, sondern einer spirituellen Schau sind), traditionell geprägten (und nur Steinerisch überformten) Vorstellungen über ein Leben nach dem Tod und der massiven Ablehnung eines medizinischen Eingriffs, der hier geradezu diabolische Konsequenzen zeitigt. Man ermisst blitzartig, was für einen ungeheuerlichen Verlust das Abhandenkommen eines strukturierten christlichen Jenseitsbildes und vor allem der damit verbundenen Riten (Messe für die Verstorbenen lesen lassen usw.) bedeutet. Gleichzeitig zeigt sich auch hier wieder, dass die esoterischen Doktrinen keinen genuinen Antimaterialismus darstellen: Die Vorstellung, dass Stoffe das Leben der Seele beeinflussen können, macht deutlich, dass diese eben *nicht* wirklich immateriell gedacht wird. Das zugrundeliegende Konzept der »Feinstofflichkeit« funktioniert wie ein Scharnier: Es erlaubt einerseits, Seelen, Geister und Wesensglieder einzuführen, denen eine gewisse »verdünnte« Materialität zugestanden wird, was offenbar ihre Plausibilität erhöhen soll;[74] andererseits sind diese aber kein reiner Geist im klassischen Sinne mehr. Dieser Charakter eines »antimaterialistischen

Materialismus« zeigte sich bereits im Schicksal der Lehre Franz Anton Mesmers: Das mechanistische Denken der Aufklärung, dem Mesmer anhing, deutete das Fluidum atomistisch, während das glaubenshungrige Denken der romantischen Medizin es umgekehrt als Strahlen einer potenziell göttlichen Kraft sah, an der mechanistische Erklärungsansprüche zu Schanden werden.[75] Der Wellen-Energie-Fluidum-Allflut-Lebensfeuer-Diskurs funktioniert also problemlos einmal im Sinne eines materialistischen, dann im Sinne eines antimaterialistischen Modells. Es verändert sich lediglich der interpretative Rahmen, der sich unterschiedlichen kulturellen Deutungsbedürfnissen anpasst: Dieser Gegensatz ist *an sich* noch kein politischer. Wir haben uns angewöhnt, das materialistische Denken der Aufklärung als »progressiv« zu verbuchen, aber es gibt zunächst keinen Grund, eines der beiden Modelle als »fortschrittlich« oder »rückschrittlich« aufzufassen. Aus ziemlich durchsichtigen Gründen erlebt diese Opposition allerdings gerade eine Renaissance – das Politische Imaginäre, und das esoterische zumal, sträubt sich gegen den aggressiven Zugriff expandierender staatlicher und technologischer Macht. Dieser Widerstand wiederum befeuert Kampagnen, die Denktraditionen und Glaubensinhalte, welche die gesamte Moderne in wechselnden Formen begleitet haben, als extremistisch stigmatisieren – als rechtsextremistisch, versteht sich, denn

Linksextremismus kommt in der Welt des bundesrepublikanischen Mainstreams praktisch nur vor, um negiert oder verharmlost zu werden. Wir werden im letzten Abschnitt auf den politischen Aspekt zurückkommen.

Die Esoterik zeigt sich also mehr, als ihr lieb sein kann, als ein Kind des Materialismus, den Steiner so vehement ablehnte. Es ist kein Zufall, dass seine »Geisteswissenschaft« – schon im Namen – der Wissenschaft Konkurrenz machen will. Und es wird deutlich: Hinter dem exzentrischen und scheinbar alltagsfernen Weltbild steht ein ausgeprägter Wille zum Widerstand gegen oktroyierte Eingriffe in die körperliche Unversehrtheit und den Entscheidungsspielraum des Individuums. Das lässt sich auch unserem letzten Beispiel entnehmen.

Der schon zitierte Psychologe und »spirituelle Lehrer« (Selbstbezeichnung) Robin Kaiser hält es für seine Pflicht, »etwas zu dieser Thematik [Impfen] aus energetischer Sicht zu sagen. Auf weltlicher Ebene habe ich mich so gut wie überhaupt nicht mit diesem Thema auseinandergesetzt, sehr wohl aber sehe ich Imprints in den Feldern, die das Impfen im physischen, wie im energetischen Körper hinterlässt. [...] Die Impfung hinterlässt einen Imprint, eine Markierung in der Schwingungssignatur des Energiekörpers, die man über mehrere Inkarnationen hinweg verfolgen kann. Sie setzt ein Brandzeichen für einen bestimmten geist-seelischen Entwicklungsweg. Wir sind als Menschen an einem Scheideweg der Entwicklung angekommen und die Entwicklungsrichtung wird unter anderem durch die Impfmarkierung festgelegt.

Es ging nie um Geld, was die Pharmaindustrie dabei verdient, auch geht es nur am Rande um das Ziel der Bevölkerungsreduktion, sondern es geht letztendlich darum, Seelen über mehrere Inkarnationen hinweg für einen digitalen Entwicklungsweg zu gewinnen.

Die Impfung zersetzt das energetische Innenleben bzw. schreibt die RNA-Codierungen so um, dass man sie nach einiger Zeit auf digitale Siliziumstrukturen aufspielen kann. Das gefühlsbetonte Innenleben stirbt ab, und dieser Zersetzungsprozess ist wesentlich weitreichender und verheerender, als es das Sterben des physischen Körpers ist.

Die Strippenzieher, die die Impfmaßnahmen pflichtmäßig ins Spiel bringen wollen, haben eine *überinkarnatorische* Perspektive und ihnen ist wichtig, dass sie mit der Markierung im Energiekörper alle ihre Schäfchen beisammenhalten, sodass auch nach dem Austritt aus dem Körper gewährleistet werden kann, dass der Seelenaspekt sich weiter in Richtung Digitalisierung bewegt.

DNA und RNA ist [sic] eine codierte Schöpfungssprache, und die Impfung ist ein wesentlicher Schritt, diese Schöpfungssprache in eine digitale Kunstsprache zu verwandeln. [...] Der Impfstoff ist künstlich in eine RNA-Codierung programmiert und ahmt dadurch die Sprache nach, mit der unser Organismus spricht. Das eigentliche Ziel der Impfung ist eine schleichend einsetzende DNA-Modifikation über den Weg, die Informationsketten des RNA-Austausches minimal zu verändern.

Mit der Impfung werden uns passive RNA-Codes gespritzt, die sich in das Kommunikationssystem des Körpers einklinken und die über Strahlungstechnologie (Hochfrequenztechnologie) gezielt von außen aktiviert werden können. Die passiven RNA-Codes sind im inaktivierten Zustand für den Organismus unbedenklich, da dieser die künstlich eingepflanzten Codes meist nicht automatisch in seine Informationsketten aufnimmt, sobald aber durch Aktivierung die digitalen Programme in den Kopierprozess der RNA integriert werden, überschreiben die künstlichen Codes die natürlichen Übersetzungsaufgaben der RNA und der Organismus stellt stückweise seine gesamte innere Sprache um.

Uns wird mit der Impfung indirekt eine alternative DNA und irgendwann ein alternativer, ewig lebender und auf Silizium basierender Bewusstseinsträger angeboten. [...] Die Entwicklungsrichtung, die mit einer Impfung eingeschlagen wird, ist weitaus verheerender als der physische Tod, da der Tod ein[en] Teil des natürlichen Lebenszyklus darstellt, die Impfung jedoch darauf vorbereitet, diesen natürlichen Zyklus von Leben und Tod zu verlassen. Jeder, der sich impfen lässt, trägt in seiner Schwingungssignatur eine Markierung, die zu jeder Zeit, auch im nicht inkarnierten Zustand, als Druckmittel eingesetzt werden kann. «[76]

Der medizinische Eingriff, den die Impfung darstellt, wird nicht unter dem Gesichtspunkt möglicher körperlicher Schäden (Nebenwirkungen) ins Auge gefasst, sondern wie bei Steiner im Hinblick auf einen spirituellen »energetischen Körper«. Kaiser liefert eine deutlich modernisierte Form von dessen Perspektive, ein schönes Beispiel für den Lego-Charakter esoterischer Denkmuster: Wenn ein passendes Element auftaucht, wird es angeschlossen und in das Sprachspiel mit seinem weltenumspannenden Anspruch integriert. Zudem ist der Blick, den Kaiser auf die Impfung wirft, entschieden politisiert. Die Instanz, die uns mit einem »Brandzeichen« versieht und »markiert«, ist eine übermächtig gedachte und ins Spirituelle gesteigerte Variante des Überwachungsstaates, dessen Biopolitik nun noch in künftigen Leben nachwirkt. Was am Horizont praktisch zu drohen scheint, wird gewissermaßen unter ein metaphysisches Vergrößerungsglas gelegt. Man kann das mit Kopfschütteln kommentieren oder als ein Stück phantastischer dystopischer Literatur lesen. Politisch ist es nicht ohne Verdienst und zeigt jedenfalls mehr Erkenntnis der Lage als seitens einer Mehrheit der Bevölkerung, die sich ohne Rückfragen eine Reihe nicht zugelassener Impfungen verpassen ließ und Maßnahmen ohne belegte Wirksamkeit mittrug.

Die Impfung ist ein »neuer Sündenfall«, der einen erneuten »Rauswurf« aus dem Paradies von Leib und Seele bedeutet.[77] Sie bekommt eine »welthistorische«, geradezu apokalyptische Bedeutung. Diese Wahrnehmung eines »Scheidewegs der Entwicklung« entspricht auch hier sehr genau dem, was Transhumanisten verkünden, ebenso wie der »rationalen« politischen Kritik daran – im Englischen gibt es das schöne Wort »to dovetail«, wenn zwei Teile genau ineinanderpassen. Die Esoteriker sind sich mit Klaus Schwab immerhin einig, dass »nichts so sein wird wie vorher«. Wieder zeigen sich die Argumentationsfiguren symmetrisch, nur die Wertung unterscheidet sich diametral.

Politisierung des esoterischen Feldes

1. Gefährliche Esoterik oder riskante Wissenschaftsgläubigkeit?

Seit dem Auftreten von Covid-19 ist der Versuch zu bemerken, eine Verbindung zwischen Esoterik und Rechtsextremismus zu etablieren, der parallel zu der Tendenz verläuft, zunehmend *jede* Perspektive, die von der offiziellen abweicht, als Verschwörungstheorie zu brandmarken. Die automatisierte Stigmatisierung greift der Auseinandersetzung vor und stellt politisch unangenehme Fragen still – zu einem Austausch von Argumenten und Gegenargumenten kommt es erst gar nicht. Ganz deutlich handelt es sich um einen Versuch, eine Form der staatlichen Informations- und Deutungshoheit zu etablieren, die es erlaubt, Äußerungen des Misstrauens und der politischen Unzufriedenheit quasi automatisiert als obskur zu brandmarken. Das gilt auch für die Esoterik, wobei die heterogensten Phänomene und Praxisformen ohne ideengeschichtlichen oder gar theoretischen Anspruch unter diesem Etikett zusammengefasst werden, um eine »Gefährlichkeit« zu suggerieren, die bis vor kurzem niemand unterstellt hatte.

Zu dieser raunenden Unterstellung sind zwei Dinge zu sagen: Alternativmedizinische Praxisformen können dort gefährlich werden, wo von eventuell lebensrettenden medizinischen Behandlungen abgeraten wird. Potenziell schädlich ist ferner das oben im Zusammenhang mit Steiner angesprochene Ideologem, das dem Patienten aus karmischen oder ähnlichen Gründen eine Schuld an seiner Krankheit zuweist. Es entspringt, wie wiederholt bemerkt worden ist, dem gnostischen Motiv einer Herrschaft des Geistes über den Körper, der damit (ähnlich übrigens wie in der radikalen Trans-Ideologie und im Transhumanismus) zur bloßen Hülle degradiert wird. Bei diesen Dingen handelt es sich aber um Einzelfälle, wobei es zudem im Ermessen des Einzelnen liegt, ob und inwieweit er sie sich zu eigen machen möchte oder nicht. Ein Titel wie *Gefährlicher Glaube* erweckt dagegen den Eindruck, alternative religiöse Formen würden eine *öffentliche* Gefahr darstellen, also eine für das Gemeinwesen schädliche Kraft entfalten können.[78] Hierzu braucht man sich nur eine einzige Frage zu stellen, und zwar: Welche Eingriffsmöglichkeiten stehen demgegenüber dem Staat und welche Wirkmöglichkeiten der Pharmaindustrie zur Verfügung? Sofern von Medizin eine öffentliche (also über Einzelfälle hinausgehende) Gefahr ausgeht, kann sie nur von diesen Instanzen und vor allem von Interessenverflechtungen zwischen ihnen ausgehen. Der Contergan-Skandal mit seinen furchtbaren

Folgewirkungen ist weder von »Esoterikern« noch von »Verschwörungstheoretikern« angezettelt worden. Die Nebenwirkungsraten der Covid-Impfungen bedeuten, dass eine unbekannte Anzahl von Menschen durch die staatlich aggressiv beworbene Verabfolgung einer nichtzugelassenen Substanz geschädigt worden ist, teils mit Todesfolge. Es ist mir nicht bekannt, dass alternativmedizinische Behandlungen (denen die Verfasserin übrigens persönlich nicht anhängt) jemals vergleichbaren Schaden angerichtet hätten. Gerade der unbestreitbare Erfolg wissenschaftsbasierter Medizin macht sie ja zu einer Instanz, die eben nicht nur im Positiven, sondern auch im Negativen eine Wirkmacht entfaltet, die hochgradig kontrollbedürftig ist. Dass diese Kontrollbedürftigkeit und die Frage nach demokratisch legitimierten Kontrollinstanzen in der Debatte nicht einmal am Rande auftauchten, spricht Bände über das Demokratieverständnis der etablierten Medien und der herrschenden Politikerriege.

2. Gibt es »linke« oder »rechte« Esoterik?

Das Getrommel gegen alles, was sich tatsächlich oder vermeintlich mit Esoterik in Verbindung bringen lässt, soll aber nicht nur der etablierten Medizin lästige Konkurrenz vom Hals schaffen, sondern dient dazu, das heterogene Protestpotenzial als »rechts«, bevorzugt sogar als »rechtsextrem«, zu vereinheitlichen. Dabei wird der Eindruck erweckt, Esoterik und alternative religiöse Bewegungen insgesamt hätten eine speziell »rechte«, »rückwärtsgewandte« etc. Geschichte und ließen sich auch heute speziell diesem politischen Spektrum zuweisen. Das ist historisch ebenso wie aktuell falsch.

In seinen klassischen Studien zum Okkultismus im 19. und 20. Jahrhundert hebt schon James Webb mehrfach die fortschrittlichen Anbindungen hervor. Eine kleine Zitatcollage aus diesem Standardwerk, die sich mühelos erweitern ließe: »In Wien gingen wie im Rest der Welt die okkulteren Aspekte der Theosophie – die kunstvoll ausgearbeitete Kosmologie, die Wunder, die Briefe der Mahatmas – Hand in Hand mit der ›Fortschrittlichkeit‹ im sozialen Gedankengut. Tatsächlich gab es eine notwendige Verbindung zwischen den verschiedenen idealistischen Spielarten der Opposition gegen alles Existierende. [...] Die Theosophie war fortschrittlich und angesehen, das Christentum war es nicht.«[79] Das galt auch für den amerikanischen Spiritismus, etwa für Andrew Jackson Davis, der »immer darauf beharrte, ein Mann des Volkes zu sein«.[80] Bei seinem Werk *A Voice to Mankind* handelt es sich nach Webb »um einen Traktat des fanatischsten Sozialismus«.[81] Nicht viel anders war es um die französischen Okkultistenzirkel bestellt, in denen sich zwar auch ein monarchistischer Legitimismus zeigte, indem man die Wiederkehr des ermordeten Dauphins erwartete, andererseits aber keine Probleme hatte, »die Bestrebungen der Retter Ludwigs XVII. mit einem Messianismus, der dem polnischen vergleichbar ist, sowie mit den Prinzipien der extremsten Sozialisten von 1848« zu verbinden.[82] »Den Revolutionären von 1848, die von Volksbanken träumten, verkündete der Mapah, die wahre sozialistische Bank werde die sein, die jedermann einen Kredit für einhundert Pfund Kartoffeln einräumte.«[83] In die gleiche Richtung wirkte der »Zeremonialmagier« Éliphas Lévi Zahed, der unter seinem bürgerlichen Namen Alphonse Louis Constant (1810–1875) eine radikalsozialistische *Bible de la liberté* verfasste, deretwegen er ins Gefängnis musste. »Französische Revolution und apokalyptische Literatur, 1848er Revolution in Europa und spiritistische Klopfzeichen in Amerika – das bildete offenbar einen geheimen Zusammenhang. Das Weltgericht und die Revolution verbanden sich auf ebenso merkwürdige Weise wie Spiritismus und Sozialismus. J. F. C. Harrison hat gezeigt, dass sich etwa die millenarisch-apokalyptische Bewegung, das Versprechen eines neuen Himmels und einer neuen Erde (Off. 21,1), als ›Ideologie eines radikalen sozialen Wandels‹ deuten lässt, die ebenso evolutionär-reformistische wie revolutionäre Spielarten hervorbringt und – ungewollt – ihre Anhänger mit dem Gedanken des Wandels vertraut macht und sie so an tatsächlich sich vollziehende Änderungen anpasst.«[84] Die »Heilssuche im Industriezeitalter« (Ulrich Linse) war nie auf einen einfachen politischen Nenner zu bringen, und schon gar nicht auf den des »Rechten«. In der publizistischen Debatte über die umstandslos mit Esoterikern in eins gesetzten Querdenker tauchte auch das gern gepflegte Klischee von der reaktionären Romantik wieder auf, die als vermeintlich deutsche (und daher: gefährliche) Besonderheit an der Impfskepsis schuld sein sollte.[85] Das ist schon deshalb falsch, weil die Romantik mitnichten eine »deutsche Affäre«, sondern eine europäische Bewegung mit nationalen Ausprägungen war. Das als »romantische Medizin« bezeichnete Paradigma etwa trieb auch in England lebhafte Blüten. Schon James Webb sah sich veranlasst, das Klischee von einem speziellen deutschen Irrationalismus zu widerlegen. »Wenn es in Prag und Wien Hinweise darauf gab, dass die philosophischen Grundlagen des Alltagslebens allmählich zerbröckelten, dann zeigte auch München zur Jahrhundertwende für alle jene, die Augen hatten, um zu sehen, eine vergleichbare Instabilität. Es muss betont werden, dass dies kein typisch deutscher, sondern ein europäischer Zustand war, und es ist eine falsche historische Sicht, wenn man in der deutschen Kultur allein die notwendigen Zutaten für den politischen Irrationalismus zu finden glaubt.«[86]

Hat sich das in Zeiten von Corona geändert? Von den Medien wird jedenfalls suggeriert, dass allenthalben gefährliche »rechte Esoterik« am Werk sei. Sogar dem bislang durchweg positiv besetzten Begriff »alternativ« wird der Beigeschmack des Bedrohlichen verliehen. »Gefährliche Weltbilder in alternativen Milieus« reichen neuerdings von der Anthroposophie über den *Demokratischen Widerstand,* die Homöopathie und die »Bio-Boheme« bis zur Anastasia-Bewegung und der Tierrechtsbewegung PETA.[87]

Verdächtig ist diesen Kommissaren des Bestehenden mehr oder minder alles. Das Kriterium, nach dem diese sehr unterschiedlichen Bewegungen, von denen manche durchaus bedenkliche Elemente aufweisen, zusammengruppiert werden, ist offenbar ein einziges: Widerstand oder auch nur Reserve gegen die Corona-Politik des Staates, subsumiert unter einen generellen Vorwurf des Irrationalismus, der dann angeblich dazu prädestiniert sei, in Gewalt abzugleiten. Ein Titel wie *Von Homöopathie und Handauflegen zur Hassideologie?* (Untertitel: »Zum Verhältnis von alternativen Heilmethoden zu Verschwörungstheorien, Esoterik und rechten Ideologien«)[88] könnte Satire sein, ist aber vollkommen ernst gemeint. Dem wuchernden Argwohn auf der einen steht auf der anderen Seite ein völlig unreflektierter Szientismus gegenüber, der damit eigentlich noch zu schmeichelhaft bezeichnet ist: Es handelt sich vielmehr bloß um eine bedingungslose

Identifikation mit einer paternalistischen Staatsideologie.[89] Die Esoteriker unter den »Querdenkern« dagegen schließen unter verschiedenen Aspekten eher an die New-Age-Motive der späten Hippiebewegung an. Nirgends war wohl in den letzten Jahren so viel von »Freiheit«, »Frieden«, »Liebe« usw. die Rede wie auf den großen Corona-Demonstrationen und im Umfeld der Protestbewegung.[90] Ich greife ein Beispiel heraus: »›Musik ist Liebe‹ – so lautet das Motto der Sängerin MORGAINE, einer friedensbewegten und veganen Künstlerin. Ihre Lieder drehen sich um das große Ganze: Um universelle Ganzheitlichkeit, um das Sein, das Bewusstsein und die damit verbundene Verantwortung – für sich selbst, für die Mitmenschen, die Tiere, für Mutter Erde und das Leben an sich. Dass der Schlüssel zu einer besseren, friedlicheren und liebevolleren Welt im Selbst verborgen liegt und vielleicht nur darauf wartet, gefunden und auch genutzt zu werden, wird also zum Leitgedanken ihrer künstlerischen Ambition. [...] Ihr Schaffen ist dem Weltfrieden gewidmet, im Innen und Außen. [...] Mit ihrer sanften und zugleich ausdrucksstarken Stimme erreicht sie das Innerste im Herzen ihrer Hörer. Sie lässt spüren, dass da noch etwas ist. Etwas von Konsumterror, Stress und Hektik verschüttet Geglaubtes, die Essenz aus Leben, Lust und Friedfertigkeit. [...] ›Wir sind Eins‹, heißt ihr bekanntestes Lied, das daran erinnert, dass alle Menschen miteinander verbunden sind, ganz gleich welcher Nationalität, welcher Religion oder welchem Geschlecht sie angehören. […] Bedingungslose Liebe und grenzenloses Mitgefühl, für alle Lebewesen – diese Botschaft möchte sie in die Herzen der Menschen tragen und ihnen das Herzbewusstsein wieder näherbringen, das wir als Kinder in uns trugen und verloren haben.«[91] Alle Motive in diesem Text finden sich im New Age der 1970er Jahre und würden in keinem linksliberal-ökologischen Milieu in irgendeiner Form auffallen.[92] Von »Mutter Erde« über den »Konsumterror« bis zur allgemeinen Verbundenheit jenseits von »Nationalität, Religion und Geschlecht« samt »Weltfrieden« fehlt nichts, was man im Bauchladen weltumspannenden Wohlwollens erwarten würde. (Die einzige »Modernisierung« gegenüber dem Siebziger-Jahre-Diskurs liegt im damals zwar schon erfundenen, aber noch nicht in der Breite angekommenen Konzept des Veganen.) Die weiteren Aspekte fügen sich harmonisch dazu: »Morgaine ist […] bekennend bisexuell. In ihren folklastigen Stücken verbindet sie fernöstliche Spiritualität mit europäischer Naturmystik, archaische Urwüchsigkeit mit moderner Freiheitslyrik. […] ihr Künstlername bezieht sich auf eine Figur der Artussage, die vor allem durch Marion Zimmer Bradleys Roman *Die Nebel von Avalon* bekannt geworden ist. Morgaine ist eine Hohepriesterin und Schamanin, die in enger Verbindung mit der Natur lebt und den Geist des matriarchalischen Zeitalters bewahrt hat.«[93]

Das letzte Zitat ist lustigerweise eine Huldigung aus der als »rechtsextrem« eingestuften Zeitschrift *Compact* … Der »Mythos vom alten Wissen« und die Beschwörung der Ganzheitlichkeit verbinden sich mit einer sexuellen Orientierung, die die gebotene Aufgeschlossenheit signalisiert (»bekennend«); das grenzenlose Mitgefühl hat einen Anhauch von Frauenmeditationsrunde, Klangschalen und Räucherstäbchen. All das sind Präferenzen, die längst Teil des gesellschaftlichen Mainstreams sind und gemeinhin allenfalls als milde exzentrisch betrachtet werden dürften. Sie sind von Haus aus eher unpolitisch, da sie die Betonung nicht auf politische Veränderungsaktivitäten, sondern auf eine Höherentwicklung des Selbst legen, von der dann eine positive Veränderung auf die Mitwelt abstrahlen soll. Es ist offensichtlich, dass einzelne Elemente (so das Archaisieren) politisch nach beiden Seiten anzubinden sind, und zugleich, dass Politisches hier allenfalls am Horizont erscheint. So viel geballter Harmlosigkeit ist schwer beizukommen, in solchen Fällen greift vermutlich nur mehr der Rückgriff auf den beliebten Vorwurf der Kontaktschuld. Die Häufigkeit und die Wahllosigkeit, mit denen er bemüht wird, zeigen, wie schwierig es anscheinend ist, hinlänglich viele und gefährliche Rechtsextremisten aufzutreiben, um das aktuelle behördliche und mediale Framing zu rechtfertigen.

Ein komplexeres Beispiel ist das folgende.

Wenn Esoterik das Narrativ vom bösen weißen Mann bestätigt

Endzeitstimmung für Europäer verbreitet Eva Hermans Buch *Blutgericht Europa. Karl der Große als Ursache des Untergangs von Deutschland und Europa,* das 2019 in ihrer eigenen Edition in Kanada erschien. Herman sucht die Gründe für den Niedergang Europas in einer außerirdischen Sphäre. Politische Ereignisse und gesellschaftliche Entwicklungen werden durch die Annahme spiritueller Zusammenhänge erklärt. Das entspricht dem Muster, das wir bei der »kosmischen Pädophilie« und bei der Vorstellung, Impfungen erzeugten negative Auswirkungen im Jenseits, kennengelernt haben. Historische Ereignisse »manifestieren« auch hier jenseitige Vorgänge und kosmische Gesetzmäßigkeiten. Sie sind gewissermaßen nur deren Ausdruck.

Bei Herman ist es, wie bei Steiner, die karmische Vergeltung guter und böser Taten, die als eine solche Gesetzmäßigkeit postuliert wird. Sie folgt dabei einem esoterischen Lehr- und Gedankengebäude, dem dreibändigen Werk *Im Lichte der Wahrheit: Gralsbotschaft* von Abd-ru-shin. Unter dem phantasievoll-orientalisierenden Namen publizierte kein Sufi-Mystiker, sondern der im sächsischen Bischofswerda geborene Kaufmann Oskar Ernst Bernhardt (1875 – 1941), der eine bis heute existierende Glaubensgemeinschaft, die Gralsbewegung, in Tirol begründete.[94] Bernhardt wurde von den Nazis schikaniert, musste Tirol verlassen und starb 1941 in seiner sächsischen Heimat. Er liegt, von seinen Anhängern später exhumiert und umgebettet, in einer Pyramide im Tiroler Ort Vomperberg bestattet. *Im Lichte der Wahrheit* enthält gesammelte Vorträge, die bezeichnenderweise eine Art Mischform aus Predigt und populärwissenschaftlichem Vortrag darstellen. Die Grundhaltung ist insgesamt tolerant und – esoteriktypisch – hochindividualistisch: Während Bernhardt Christi Lehren positiv beurteilt und seinen Anhängern vom Besuch von Kirchen immerhin nicht abrät, weist er die Sühnetodlehre zurück, da jeder Einzelne für seine Taten einstehen müsse und niemand durch jemand anderen erlöst werden könne. Dazu passt die auf den Gedanken einer strengen Wechselwirkung ausgerichtete Karma-Vorstellung, bei der jeder seines dies- und jenseitigen Glückes Schmied ist – eine Intervention göttlicher Gnade ist dabei nicht vorgesehen.

Eva Herman folgt Bernhardts Grundkonzeption im vorliegenden Buch sowie auf ihrem Telegram-Kanal engmaschig. Allerdings lässt *Blutgericht Europa,* wie schon der Titel nahelegt, den gelassenen, eher hell gestimmten Ton des spirituellen Ideengebers vermissen. Stattdessen ist die Stimmung endzeitlich, der Gestus dramatisch: »Mit Deutschland und Europa, mit unserer alten Welt, wie wir sie bisher kannten, geht es zu Ende. Sämtliche Systeme, die die Gesellschaft einst zusammenhielten, brechen auseinander. Ethik, Werte, Moral, Sittlichkeit, Verantwortung und Nächstenliebe, die wichtigsten Überlebensgrundsäulen einer funktionierenden Gesellschaft, sind ausgehöhlt. [...] Unsere Welt bricht zusammen, Europa kollabiert. Warum? Es gibt triftige Gründe dafür, es sind jedoch andere als jene auf irdischer Basis erklärbaren, die derzeit öffentlich diskutiert werden.« Im Effekt sind die »irdisch erklärbaren« und die spirituellen Ursachen aber identisch: »Es ist die Jahrhunderte währende Zerstörung Afrikas und Arabiens [!?] durch die westlichen Gesellschaften, die den heutigen Entwicklungen voranschritt, durch rücksichtslose Kolonialisierung, durch Ausbeutung, Bemächtigung von Rohstoffen und Menschen. Es war die sogenannte weiße Herrenrasse, die zurückliegend weltweite Dramen auslöste, im Zuge eines unstillbaren Imperialismus. Dies alles ist in den geistigen Genen der Menschen und Völker verankert, das begangene Unrecht beschwert seit Jahrhunderten Milliarden von Seelen, wie auch das morphogenetische Feld dieser Welt damit schwer belastet wurde. Ungesühntes Karma fordert jetzt seine Ablösung.«

Diese Eröffnung setzt den Ton für die übrigen zweihundertneunundfünfzig Seiten, auf denen das Thema der »weißen Schuld« ausdauernd durchdekliniert wird. Es ist ironisch, dass Herman einst wegen angeblich rechter Äußerungen in Schwierigkeiten geriet und ihre Fernsehkarriere abbrechen musste, denn ihre holzschnittartige Kolonialismus- und Imperialismus-Kritik unterscheidet sich von der der Linken nur durch ihre spirituelle Begründung. Herman macht sogar ein »imperialistisches Gen im europäischen Blut« aus. »In Zukunft wird es in der öffentlichen Debatte nun immer häufiger gegen die ›alten weißen Männer‹ bzw. generell gegen die Männer gehen. Die zurückliegenden Erinnerungen der Volksseelen wie auch Millionen einzelner Menschengeister, von denen natürlich niemand zum ersten Mal hier auf Erden weilt, sondern die schon mannigfaltige Erfahrungen mit allen möglichen Unterdrückungssystemen der Menschheitsgeschichte machen und nicht selten schwer darunter leiden mussten, sind nicht mehr zu unterdrücken: Alle Seelenkörper erinnern sich an begangenes, altes Unrecht und suchen nun Ausgleich. Und immer wieder stellt sich die Frage: Hat Europa, hat die westliche Welt irgend etwas gelernt aus all den unseligen Entwicklungen? Es sieht nicht danach aus. […] Es geht immer weiter abwärts in der sich schon so lange drehenden, verhängnisvollen Spirale: Mächtige westliche Lebensmittelspekulanten, reiche europäische und amerikanische Erdölmagnaten, gewissenlose Ausbeuter von Rohstoffen und Ressourcen halten den riesigen Kontinent Afrika, zu dem auch die größte Halbinsel der Welt, Arabien, gehört, nach wie vor weiterhin beharrlich besetzt; sie berauben die immer ärmer werdenden Menschen des natürlichen Besitzes ihrer Heimat.« Die Frage, was daran stimmt und was nicht, ist hier nicht unser Thema. (Herman kritisiert die NATO und »westlich geführte Eingreiftruppen« als destabilisierende und zerstörerische »selbsternannte Weltpolizei«, eine Sichtweise, die sich schwerlich widerlegen lässt.) Was hier vorliegt, ist eine Art des esoterisch unterfütterten »Tiersmondisme«, also der Idealisierung und Veropferung einer als einheitliche Sphäre der Ausbeutung wahrgenommenen »Dritten Welt«.

Dieses klassisch-linke, grüne und linksbürgerliche Motiv wird von einem massiven Antiklerikalismus flankiert, der, ursprünglich aus der radikalen Aufklärung hervorgegangen, später in linken wie rechten Kreisen anschlussfähig werden sollte. Die katholische Kirche ist hier wirklich an allen Übeln der Welt schuld, und eben als der Agent, der ihre Anliegen durchsetzen sollte, als »Kirchianisierer«, machte sich Karl der Große aus dieser Perspektive schuldig. Die zweifellos brutale Christianisierung in den Sachsenkriegen, speziell das »Blutgericht von Verden«, bei dem Karl angeblich 4500 Sachsen an einem Tag hinrichten ließ (das Faktum selbst ist umstritten), wird dabei als Blaupause für die europäische Geschichte gedeutet. Daraus erklärt sich auch der düstere Titel: Europa ernte demnach jetzt, was die »zentrale Symbolfigur der christlich-abendländischen Europaidee« gesät habe. Die gesamte europäische Geschichte schrumpft in dieser Sicht zu einer Abfolge von Massakern, historische Differenzen verschwinden. (Sie gleicht darin, wenn auch auf einem anderen Niveau, dem Blick, den Walter Benjamins »Engel der Geschichte« auf den Horror der Weltgeschichte wirft.) »›Wer Wind sät, wird Sturm ernten‹, heißt es beim Propheten Hosea im Alten Testament, es ist das Gesetz von Ursache und Wirkung, von Saat und Ernte. Das Frühmittelalter, die Gründungszeit Europas, spielt die entscheidende und damit von Beginn an verhängnisvollste Rolle für den gesamten Verlauf unserer europäischen Geschichte«. Karl erscheint so als »der Haupturheber des todbringenden Karmas Europas«. Dass hier einerseits der individuellen Seele die volle Verantwortung für ihr Schicksal zugesprochen wird, andererseits ein ganzer Kontinent sein eigenes Karma haben soll und dieses wiederum einen einzelnen »Haupturheber«, ist ein Widerspruch. Es erinnert an Steiners Konzept der Volksseelen. Auch bei ihm gibt es sowohl individuelles als auch Gemeinschaftskarma. »Das Karma betrifft nicht nur den einzelnen Menschen, sondern es geht auch über das Leben von Völkern dahin.« »Jedes Volk, jede Rasse, jeder Stamm hat eine gemeinsame

Astralmaterie, die Inkarnationsmaterie für den Volksgeist. […] Wir bilden mit an dem Karma des Volkes, der Rasse und so weiter. Kollektiv-Karma wird dies genannt. Es ist eine Realität.«[95] Denkt man das durch, dann wären natürlich das Karma des Einzelnen und das seines Kollektivs nie deckungsgleich und die Idee der absoluten karmischen Gerechtigkeit würde nicht funktionieren: Der Einzelne bekäme eben nicht genau das zurück, was er durch seine Taten »ausgesandt« oder »gesät« hat. Die kosmische Buchhaltung scheint also nicht ganz aufzugehen.

Karls Schuld ist aber noch eine andere, und hier kommt das klassisch-esoterische Motiv schlechthin ins Spiel: Er erscheint nicht nur als Sachsenschlächter, sondern als Despot, der im Verein mit der Kirche dazu beigetragen haben soll, ein vermeintlich altes Wissen auszulöschen. »Durch unmenschliche Herrschaftswillkür, vor allem durch tote Glaubenslehren, die unvollkommen, ausgedünnt und vorsätzlich verfälscht weitergegeben wurden, auch durch beabsichtigte Lügen und bewusste Manipulationen vonseiten der Mächtigen, wurde der Mensch vor langer Zeit schon seiner allerwichtigsten Grundlage beraubt: der Lebendigkeit seines Geistes, seiner Seele, die in bedeutendem Maße mit den Erkenntnissen über das segensreiche Wirken der sichtbaren und unsichtbaren Naturkräfte zusammenhängt, das es endlich wiederzuerkennen gilt. […]

Die Menschen vor 2000 Jahren wussten noch weitaus mehr über das unsichtbare Weben und Wirken zwischen Himmel und Erde. Das Diesseits und das Jenseits stellten damals eine Einheit für sie dar, Unsichtbares konnte noch häufiger geschaut werden mit dem feinstofflichen Auge, denn der Geist hatte damals noch eine weitgehendere Berechtigung als heute, neben dem irdischen Gehirn, dem Verstand, seine Wirkung zu entfalten. Mit der zunehmenden Einseitigkeit des rein materialistischen Denkens und Handelns der Menschen wurde die Fähigkeit des feinstofflichen Schauens zurückgedrängt. Heute werden die Geschichten von den Begegnungen mit den Göttern nur noch als Legenden und Märchen behandelt, viele Menschen spotten gar darüber.« Es ist der ewige kultur- und zivilisationskritische Singsang von einem Zeitalter, das mit Natur und Übernatur in einem »tiefen Wissen um die Schöpfung« verbunden gewesen sei. Die Bemerkung, die Menschen einer unbestimmten Frühzeit hätten sich »auch ohne Strafgesetzbuch« bemüht, »möglichst sündenfrei durchs Leben zu kommen«, ist, bewusst oder unbewusst, ein direktes Echo von Ovids Schilderung des Goldenen Zeitalters am Beginn der *Metamorphosen,* in dem der Mensch »vindice nullo, sponte sua, sine lege fidem rectumque colebat« (ohne Rächer, aus freiem Willen, ohne Gesetz die Treue und das Recht pflegte). Auch dieses Motiv ist politisch links wie rechts anschließbar, sei es als heilige mythische Vergangenheit, die ewig unerreichbar bleibt, oder als anzustrebendes Utopia. Die Dreischritt-Lehren der romantischen Epoche kombinieren bekanntlich mühelos beides, wenn im Durchgang durch die Geschichte das irdische Paradies (wieder) erobert wird.

Schließlich antwortet ein weiteres Motiv auf die esoterische Sehnsucht nach Nähe zum Transzendenten. Bei Oskar Ernst Bernhardt alias Abd-ru-shin spielt die Existenz großer und kleiner Helferwesen, die die Distanz zur Hochgottheit überbrücken helfen, eine erhebliche Rolle. Der Christianisierung wird die Leugnung dieser Zwischenwelt besonders zur Last gelegt. »In dieser für die ganze Menschheit bedeutsamen Anfangszeit spielten die heute unsichtbaren Naturhelfer eine herausragende, enorm wichtige Rolle. Sie standen mit Rat und Tat zur Seite und unterstützten die Menschen liebevoll und freundschaftlich in all ihren Entdeckungsprozessen. Zu dieser Zeit war es völlig normal, dass die wesenhaften Helfer häufig zu sehen waren, anders wäre der Austausch des Wissens nicht möglich gewesen. Archäologische Funde zeugen von umfangreichen Kenntnissen unserer Urahnen vor vielen Jahrtausenden hinsichtlich der Herstellung von Werkzeugen, Gerät und Schmuck sowie in Bezug auf die Gesundheit der Menschen durch das Kräuter- und Heilkundewesen. Alles Wissen kam von ihren feinstofflichen

Freunden und Helfern.« Hier spricht sich eine Art spiritueller Rousseauismus aus, ein prähistorisches Bullerbü, das mühelos an das Natur- und Gemeinschaftsverständnis der Grünenwählerschaft anschließt. Wenn von den kleinen Kindern die Rede ist, »die selbst noch enger mit den Wichteln oder Feen verbunden sind und diese häufiger sehen können«, erinnert das an eine Episode aus dem Leben von Sherlock-Holmes-Erfinder Sir Arthur Conan Doyle, der Anfang der 1920er Jahre mit seiner Überzeugung von Elfen-Sichtungen eine begeisterte Anhängerschaft schuf und ernsthafte Kontroversen auslöste. 1922 erschien sein *The Coming of the Fairies,* ein sich als Sachbuch verstehendes Werk, in dem er seine Ansichten über Naturgeister darlegte. Die Fotografien der Naturwesen, auf deren Echtheit er pochte, erregten dann doch Argwohn.

Der Drang, sich darüber lustig zu machen, ist fast unwiderstehlich und dennoch eine ebenso verbreitete wie billige Reaktion. Mit geradezu schmerzhafter Deutlichkeit reagiert diese Vorstellungswelt auf jenen Aspekt der Moderne, den Schiller in den Versen »Gleich dem toten Schlag der Pendeluhr, / Folgt sie knechtisch dem Gesetz der Schwere / Die entgötterte Natur« bündig zusammenfasste, und bringt damit, bei aller Skurrilität, einen widerständigen Ton ein.

Absolut stromlinienförmig sind dagegen die Tiraden gegen den westlichen Menschen, die nahtlos an den »woken« Diskurs von der universellen weißen Schuld anschließen. Auch der eifernde Ton ist der gleiche. In Hermans Buch wird damit (vermutlich ungewollt) eine antiweiße, tendenziell rassistische Doktrin metaphysisch unterfüttert.

Das Beispiel zeigt, warum der Versuch, esoterische Vorstellungen einem politischen Lager zuzuschlagen, nicht aufgeht. Auch wo sich einzelne Vertreter selbst einem solchen zurechnen, funktioniert das Lagerdenken nicht, denn Narrative, Bilder und Motive führen ein zähes, urheberunabhängiges Eigenleben. Der Versuch, »die« Esoterik zuerst als Phänomen zu vereinheitlichen und dann als »radikal«, gar staatsgefährdend hinzustellen, ist auch aus einem anderen Grund absurd. Für esoterische Lehre und Praxis ist eine eher geringe Mobilisationskraft typisch.

»Zusammenfassend lässt sich sagen: Etwa 60 Prozent der Westdeutschen stehen Phänomenen nichtkirchlicher Religiosität aufgeschlossen gegenüber und halten es für interessant, sich mit der einen oder anderen esoterischen Praxis einmal näher zu beschäftigen. Über die Hälfte hat schon einmal Erfahrungen mit religiös-alternativen Praktiken gemacht. Die meisten halten zwar nicht viel davon, aber sind doch neugierig. Ein Anteil von zehn bis 25 Prozent glaubt, wenn auch nicht fest, so doch ein wenig an die Wirksamkeit bestimmter religiös-alternativer Praktiken. Die

Gruppe der fest überzeugten Esoteriker indes überschreitet nicht die Zehn-Prozent-Marke und liegt wohl eher bei fünf als bei zehn Prozent.«[96] Für das New Age hat man dementsprechend von einer »high volume, low impact identity« gesprochen, also von einer breiten Präsenz, die allerdings eben nicht zu den scharf konturierten Haltungen führt, die für Fundamentalismen charakteristisch sind.[97] Das ist auch logisch, denn es handelt sich nicht um eine dogmatisch festgelegte Religiosität, sondern um ständig im Fluss befindliche spirituell-metaphysisch grundierte Lebenshaltungen. Was sich daraus ergibt, kann links- oder rechtslastig, konventionell oder exzentrisch sein, aber eine Basis für extremistische Politik bietet es, etwa im Gegensatz zum fundamentalistischen Islam, sicherlich nicht. Esoteriker, die zum Beispiel die Urheber missliebiger Karikaturen durch ein Blutbad aus dem Weg räumen, sind bislang nicht in Erscheinung getreten, und es ist unwahrscheinlich, dass das jemals der Fall sein wird. Unwahrscheinlich ist es auch, weil die propagierten spirituellen Wege Wege nach innen sind, auf denen eine Vervollkommnung des Individuums angestrebt wird. Dies bedingt auch das nicht nur inhaltlich ambivalente (Gleiten auf der Links-rechts-Achse) Verhältnis zur Politik, das wir beobachten konnten: Die starke Konzentration auf das Selbst und sein Verhältnis zu spirituellen Welten steht einem direkten politischen Engagement eher im Wege. Zugleich aber kann dies im besten Fall ein Selbst- und Weltbewusstsein erzeugen, das Menschen befähigt, sich gegen Freiheitsverluste zur Wehr zu setzen. Hier gibt es durchaus etwas wie ein Äquivalent zum abstrakten kritischen Bewusstsein der Intellektuellen, das derzeit in Tiefschlaf versetzt zu sein scheint. Vertreter esoterischer Wissensformen haben sich stets in einer doppelten Frontstellung gegenüber der Wissenschaft einerseits und dogmatischer Theologie und Religion andererseits befunden: Die Abweichung ist der Esoterik der Moderne in die Wiege gelegt, was in einer Zeit, die Abweichung prämiert wie keine andere, einen Teil ihres Reizes ausmacht. Der religiöse Dogmatismus hat sein Drohpotenzial bis auf Weiteres erschöpft. Auf die Übergriffigkeit eines anmaßenden, politisch instrumentalisierten Szientismus aber reagieren diese Grenzgänger zwischen den Funktionssystemen auch heute mit seismographischer Feinfühligkeit. Die Begründungen für ihren Widerstand, ihre Anschauungen und Schlussfolgerungen mögen mitunter bizarr anmuten, aber solange es sie gibt, kann sich das »stählerne Gehäuse« der Moderne nicht gänzlich schließen. Das ist ein nicht zu unterschätzendes Verdienst.

Anmerkungen

1 Vgl. Felix Trautmann (Hrsg.): *Das politische Imaginäre* (= *Freiheit und Gesetz* V), Berlin 2017.

2 Jean Delumeau: *Angst im Abendland. Die Geschichte kollektiver Ängste im Europa des 14. bis 18. Jahrhunderts,* Bd. 1, Reinbek bei Hamburg 1985, S. 154 und 163.

3 Alessandro Manzoni: *Die Verlobten. Eine mailändische Geschichte aus dem siebzehnten Jahrhundert* (1827), Frankfurt am Main 2008. Der Autor hielt sich eng an seine historischen Quellen.

4 Julie Metzdorf: »Der Militär-Konvoi aus Bergamo: Wie eine Foto-Legende entsteht«, unter: www.br.de (abgerufen am 1. Juli 2023).

5 Vgl. Tim Röhn: »Wie das Innenministerium einen Mao-Fan zum Corona-Berater machte«, unter: welt.de vom 21. Februar 2021 (abgerufen am 27. Mai 2023).

6 Leon Wilhelm Plöcks: *Die Allianz. Skizze eines Machtprojekts* (= *kaplaken* 73), Schnellroda 2021, S. 5 f.

7 Für eine ausführliche Analyse und zu Alternativen vgl.: Bettina Gruber: *Leben unterm Regenbogen. Das neue Genderregime und seine Folgen,* Lüdinghausen/Neuruppin 2020.

8 Zit. nach *Junge Freiheit* Nr. 32/22, S. 14.

9 Jacques Ellul: *Propaganda. Wie die öffentliche Meinung entsteht und geformt wird* (1962), Frankfurt am Main 2021, S. 299.

10 Karlheinz Weißmann: *Post-Demokratie* (= *kaplaken* 15), Schnellroda 2009, S. 7 f.

11 »Roboterhund als Lockdownhelfer«, in: Spiegel Gesundheit vom 2. April 2022, unter: www.spiegel.de – Sandee LaMotte: »750 million genetically engineered mosquitoes approved for release in Florida Keys«, unter: edition.cnn.com (abgerufen am 1. Juli 2023).

12 Martin Holland: »›Xenobots‹: Von KI entworfene winzige Bioroboter können sich nun vervielfältigen«, unter: heise.de vom 30. November 2021 (abgerufen am 27. Mai 2023).

13 Simon Chandler: »World's First ›Living Robot‹ Invites New Opportunities and Risks«, unter: www.forbes.com vom 14. Januar 2020 (abgerufen am 27. Mai 2023).

14 Claudia Mäder: »Yuval Noah Harari: ›Vor einer vergleichbaren Herausforderung hat die Menschheit noch nie gestanden‹«, unter: www.nzz.ch vom 23. Juli 2019 (abgerufen am 27. Mai 2023).

15 Yuval Noah Harari: *Homo Deus. A Brief History of Tomorrow,* New York 2017, S. 459 f.

16 Darshana Narayanan: »The Populist Science of Yuval Noah Harari«, unter: www.currentaffairs.org vom 6. Juli 2022 (abgerufen am 27. Mai 2023).

17 Harari rühmt sich auf seiner Website seiner »vielbeachteten Keynotes über die Zukunft der Menschheit auf dem Weltwirtschaftsforum in Davos« (gleich zweimal, nämlich 2018 und 2020) sowie der »regelmäßigen« Diskussionen »mit Staatoberhäuptern über globale Fragen«. Vgl. www.ynharari.com (abgerufen am 27. Mai 2023).

18 »6G-Zukunft: Technik wird ›direkt in unseren Körper eingebaut‹«, unter: www.derstandard.de vom 31. Mai 2022 (abgerufen am 27. Mai 2023).

19 Vgl. Bettina Gruber: »Die Wissenschaft und ihr Double«, in: *TUMULT. Vierteljahresschrift für Konsensstörung,* Frühjahr 2020.

20 Peter J. Brenner: »Wissenschaft und Politik – eine unglückliche Beziehung«, IMSW (Institut für Medienevaluation, Schulentwicklung und Wissenschaftsberatung) vom 31. Januar 2021, unter: imsw.de (abgerufen am 27. Mai 2023).

21 Wolf Lepenies: »Der Krieg der Wissenschaften und der Literatur«, in: ders.: *Gefährliche Wahlverwandtschaften. Essays zur Wissenschaftsgeschichte,* Stuttgart 1989, S. 63.

22 Wolf Lepenies: »Historisierung der Natur und Entmoralisierung der Wissenschaften seit dem 18. Jahrhundert«, in: ders.: *Gefährliche Wahlverwandtschaften,* a. a. O., S. 19.

23 Niklas Luhmann: *Die Wissenschaft der Gesellschaft,* Frankfurt am Main [2]1994, S. 702.

24 Ellul: *Propaganda,* a. a. O., S. 428 (Hervorhebung B. G.).

25 Der Germanist Clemens Lugowski prägte den Begriff des »Mythischen Analogons«, der mich zum »Phantastischen Analogon« inspiriert hat. Der Begriff verweist auf die

Anwesenheit eines mythischen Elements im frühneuzeitlichen Roman, ließe sich aber fruchtbar auf die populäre Wissenschaftsgeschichte anwenden, die als Heldenepos daherkommt und deren Elemente geradezu prädestiniert dazu sind, wieder in neue Mythologien eingebaut zu werden.

26 Traugott Ickeroth (Telegram, 20. April 2022), weitergeleitet vom Kanal »Conspiracy Facts & Pedogate (Sue Sue)« (Telegram). Dabei eine Abbildung, die links den Turmbau zu Babel und rechts ein Foto von »Der Tower Basel« zeigt. Ickeroth hat derzeit ca. 47 000 Abonnenten.

27 1. Mose 11,1–9 (Lutherbibel, Deutsche Bibelgesellschaft, Stuttgart 2001).

28 Vgl. beispielsweise Niklaus Nusplinger: »Beobachtungen aus dem Turm zu Babel – als Schweizer Journalist in Brüssel«, in: *Neue Zürcher Zeitung* vom 27. Dezember 2019; Lenz Jacobsen: »EU-Kommission: Brüssel ist das neue Babel«, unter: www.zeit.de vom 16. Mai 2014 (abgerufen am 27. Mai 2023).

29 Vgl. eunic-berlin.eu (abgerufen am 27. Mai 2023).

30 »Unheimliche Orte – Das Europa-Parlament«, unter: www.werde-wach.de (abgerufen 27. Mai 2023). Der Text stammt von dieser, konfessionell nicht näher bestimmten, Seite und findet sich im Netz an verschiedenen Stellen sowie auf Facebook (Hidden Truth, 19. März 2020). Es handelt sich um eine Übersetzung eines Artikels von der Website vigilantcitizen.com

31 Vgl. Ralf Nowotny: »Warum in Russland ein Turm zu Babel verbrannt wurde«, unter: mimikama.org vom 16. März 2022 (abgerufen am 27. Mai 2023).

32 Vgl. Carolina Schwarz: »Verschwörungstheorie über Clinton. #Pizzagate geht weiter«, unter: taz.de vom 8. Dezember 2016 (abgerufen am 27. Mai 2023).

33 Gesamter Liedtext unter: genius.com (abgerufen am 27. Mai 2023).

34 »Robbie Williams hält ›Pizzagate‹ nicht für widerlegt«, unter: spiegel.de vom 26. Juni 2020 (abgerufen am 27. Mai 2023).

35 Vgl. »Neues Video: Jetzt faselt Naidoo von Blut trinkenden Kinderschändern«, unter: focus.de (nicht datiert) (abgerufen am 27. Mai 2023).

36 Johan Huizinga: *Der Herbst des Mittelalters. Studien über Lebens- und Geistesformen des 14. und 15. Jahrhunderts in Frankreich und in den Niederlanden,* Stuttgart [9]1965, S. 213.

37 Telegram-Kanal von Traugott Ickeroth, Screenshot vom 16. Februar 2022. Vgl. auch »Säuberungsaktionen unter Berlin, Stuttgart und Ramstein«, unter: herzmiteinander.com vom 29. September 2020 (abgerufen am 27. Mai 2023).

38 Auf esoterikforum.at, Nutzer »wir sind viele« am 9. Januar 2019.

39 »Werden in geheimen Bunkern unter dem Getty Center Kinder rituell gequält? Ex-Geheimdienstmitarbeiter erhebt schwere Vorwürfe«, unter: www.pravda-tv.com (abgerufen am 27. Mai 2023).

40 Alex Rühle: »Verschwörungstheorien bedrohen die Demokratie«, unter: sueddeutsche.de vom 28. Januar 2018 (abgerufen am 27. Mai 2023).

41 Vgl. Christina Hubbeling: »Sightseeing zum Heiligen Gral«, unter: www.nzz.ch vom 6. März 2005 (abgerufen am 27. Mai 2023).

42 Vgl. Ulrich W. Sahm: »Der Satan wohnt in Berlin«, unter: n-tv.de vom 21. Mai 2006 (abgerufen am 27. Mai 2023); Johanna Di Blasi: »Satans Thron«, unter: reflab.ch vom 24. Oktober 2020 (abgerufen am 27. Mai 2023).

43 Vgl. Felix Huesmann: »Hildmann und der Pergamonaltar«, unter: rnd.de vom 21. Oktober 2020 (abgerufen am 27. Mai 2023); Laura-Marie Löwen: »Attila Hildmann: Stecken seine Anhänger hinter Berliner Museums-Anschlag?«, unter: hamburg24.de vom 28. November (abgerufen am 27. Mai 2023).

44 Saskia Trebing: »Warum das Pergamonmuseum für Attila Hildmann der Sitz des Teufels ist«, unter: cicero.de vom 22. Oktober 2020 (abgerufen am 27. Mai 2023).

45 Vgl. Sabine Menkens: »Sie sahen sich als progressiv – und beuteten Kinder aus«, unter: welt.de vom 24. Februar 2021 (abgerufen am 27. Mai 2023); Frank Bachner: »Pädophile Netzwerke in Berlin. Missbrauch von Kindern im Namen der sexuellen Freiheit«, unter: tagesspiegel.de vom 24. Februar 2021 (abgerufen am 27. Mai 2023); Bettina Gruber: »Foucault in Sidi Bou Said – Ein Beitrag zur laufenden Debatte«, unter: tumult-magazine.net (abgerufen am 27. Mai 2023).

46 Menkens: Sie sahen sich als progressiv, a. a. O.

47 Bachner: Pädophile Netzwerke, a. a. O.

48 Vgl. Michael Butter: *»Nichts ist, wie es scheint«. Über Verschwörungstheorien,* Berlin 2018.

49 Die Vorstellung des »Energievampirs« ist ein beliebtes populärpsychologisches Konzept, um die kräftezehrende Wirkung schwieriger Zeitgenossen zu verbildlichen. Es existieren mehrere Bücher zum Thema. Populärpsychologie ist eine einflussreiche Mythologie des Alltags und würde eine eigene Studie rechtfertigen.

50 Das ist übrigens keine Übertreibung. Am 25. Februar 2022 twitterte Richard Moore, der Chef des legendären britischen Geheimdienstes MI6: »With the tragedy and destruction unfolding so distressingly in Ukraine, we should remember the values and hard won freedoms that distinguish us from Putin, none more than the LGBT+ rights.«

51 »Traugotts Kommentar«, Telegram-Kanal von Traugott Ickeroth, 28. Juni 2022. Als Illustration auf der linken Seite: ein Foto von Hillary Clinton, lächelnd. Rechts dasselbe Foto, auf dem die Hälften des Kopfes auseinanderklaffen und ein schuppiger Echsenkopf aus Clintons Gesicht hervorbricht.

52 traugott-ickeroth.com/liveticker/ (Eintrag vom 6. Juni 2022).

53 »Ein junger englischer Biologe hat eine höchst fragwürdige Theorie über die Lernfähigkeit der Schöpfung und das Zusammenwirken von Geist und Materie aufgestellt. Eine These [...] ebenso erstaunlich wie einfach: Neben den Kraftfeldern, die der Wissenschaft bekannt sind – wie dem Gravitationsfeld oder dem elektromagnetischen Feld –, gebe es in der Natur ›morphogenetische‹ Felder, die Sheldrake definiert als ›unsichtbare organisierende Strukturen, die Dinge wie Kristalle, Pflanzen und Tiere formen und gestalten und sich auch organisierend auf das Verhalten auswirken‹. Diese morphogenetischen Felder enthalten die gesammelte Information aller vergangenen Geschichte und Evolution – etwa in der Art der Akasha-Chronik der alten Inder oder C. G. Jungs Kollektivem Unbewußten. Sheldrakes Konzept der ›morphischen Resonanz‹ besagt, daß einander ähnliche Strukturen mittels ihrer morphogenetischen Felder über Zeit und Raum hinweg in Kommunikation miteinander stehen können. Was in der Sheldrake-Furore auf dem Spiel steht, ist also nicht mehr und nicht weniger als eine wissenschaftliche Hypothese, die, wenn sie

experimentell tatsächlich bestätigt werden sollte, der materialistischen Theorie des Universums den Boden unter den Füßen wegzöge.« Kurt Hoffman: »Hat die Natur ein Gedächtnis?«, unter: www.zeit.de (abgerufen am 27. Mai 2023).

54 Dietmar Mehrens: »Im Zeitalter von Wassermann und Regenbogen«, in: *Junge Freiheit* vom 3. Juni 2022 Nr. 23/22, S. 13.

55 Franz Anton Mesmer: *Mesmerismus. Oder System der Wechselwirkungen, Theorie und Anwendung des thierischen Magnetismus als die allgemeine Heilkunde zur Erhaltung des Menschen,* hrsg. von Karl Christian Wolfart, 2 Bde., Berlin 1814 f. Hier zitiert nach Jürgen Barkhoff: *Magnetische Fiktionen. Literarisierung des Magnetismus in der Romantik,* Stuttgart 1995, S. 24. (Hervorhebung B. G.)

56 Gísli Magnússon: *Dichtung als Erfahrungsmetaphysik. Esoterische und okkultistische Modernität bei R. M. Rilke,* Würzburg 2009, S. 289.

57 Das »Anthro-Wiki« verzeichnet mehr als 500 Fundstellen für »Strahlung«, die allerdings auch das Verb »strahlen« abdecken. Steiner (1861 – 1925) ist mit diesem Konzept auch in seiner Gegenwart keineswegs allein. Mit seinem Wirken konkurriert bis zu einem gewissen Grad u. a. der weniger bekannte sächsische Kaufmann Oskar Ernst Bernhardt (1875 – 1941), der unter dem Phantasienamen Abd-ru-shin eine Glaubensgemeinschaft, die Gralsbewegung, in Tirol begründete. Sein dreibändiges Werk *Im Lichte der Wahrheit: Gralsbotschaft* enthält gesammelte Vorträge, die eine Art Mischformen zwischen Predigten und populärwissenschaftlichen Vorträgen darstellen und nicht frei von gelegentlichen Seitenhieben auf Steiner sind. Die Konzepte von Strahlungen, Strahlen und Feinstofflichkeit werden aber, soweit ich sehe, weitgehend geteilt. »Die Beschaffenheit des Strahlenkranzes [der jedes Wesen umgibt; B. G.] ist ausschlaggebend für die Wellenstärke, welche Schwingungen aus dem Strahlungssysteme des gesamten Weltalls aufzunehmen hat. Der Hörer und Leser gehe hier nicht leicht darüber hinweg, sondern vertiefe sich in den Gedanken, und er wird damit ganz plötzlich die Nervenstränge der Schöpfung vor sich liegen sehen, die er anzuschlagen, zu benutzen, lernen soll. Er denke sich die Urkraft strahlend ausgegossen auf das Schöpfungswerk! Sie strömt hindurch, durch jeden Teil und jede Art.« (Abd-ru-shin: *Im Lichte der Wahrheit,* Bd. 2, Stuttgart 2012, S. 304) Auch

hier dienen die »Wellen« und »Strahlungen« als Verbindung zwischen Mensch und Kosmos. Zur Gralsbotschaft vgl. Bettina Gruber: »Parsifal als esoterischer Generator. Aspekte von Kommentar und Selbstkommentar zu Wagners letzter Oper«, in: dies. (Hrsg.): *Erfahrung und System. Mystik und Esoterik in der Literatur der Moderne,* Opladen 1997, S. 120 – 135.

58 AnthroWiki, Stichwort »Strahlen«, Fundstellen: Erdinneres, Erzengel, Denken (Luzifer), Gruppenseele.

59 »Was ist und was bewirkt Lichtsprache? Einladung zum Lichtsprachenkurs mit Robin Kaiser & Susanne Karl«, unter: youtube.com (abgerufen am 27. Mai 2023).

60 Schreber beschreibt allerdings, dass ihn diese Strahlung in eine Frau verwandelt habe – womit er damals keine Sympathien erweckte, aber heute Furore gemacht hätte.

61 »Zeit-Geist News Freie Information«, Traugott Ickeroth, 14. Dezember 2021, Screenshot.

62 Traugott Ickeroth Blog: »Der Sturm ist da – Liveticker« (https://traugott-ickeroth.com/liveticker).

63 Birgit Schmid: »Dünger als Philosophie – wie eine Menschenlehre in der Pandemie unter Verdacht gerät«, unter: www.nzz.ch vom 29. Mai 2021 (abgerufen am 27. Mai 2023).

64 Schmid: Dünger, a. a. O.

65 AnthroWiki, Eintrag »Impfung«, https://anthrowiki.at/Impfung (abgerufen am 27. Mai 2023).

66 AnthroWiki, Artikel »Impfung« (https://anthrowiki.at/Impfung). Rudolf Steiner: *Gesamtausgabe 314: Vorträge – Vorträge über Medizin,* Dornach [3]1989, S. 286 f.

67 Ebd., S. 287 f..

68 Schmid: Dünger, a. a. O.

69 Pia Lamberty, Katharina Nocun: *Gefährlicher Glaube. Die radikale Gedankenwelt der Esoterik,* Köln 2022.

70 Steiner zit. nach Thomas Mayer: *Corona-Impfungen aus spiritueller Sicht. Auswirkungen auf Seele und Geist und das nachtodliche Leben,* Raubling 2021, S. 152. Steiners weit über das Werk verstreute Aussagen finden sich dort zusammengestellt.

71 Zum Impfen bei Steiner vgl. den Artikel »Masern« in: Helmut Zander: *Die Anthroposophie. Rudolf Steiners Ideen zwischen Esoterik, Weleda, Demeter und Waldorfpädagogik,* Paderborn 2019.

72 Steiner zit. nach Mayer: *Corona-Impfungen,* a. a. O., S. 151 – 159.

73 Mayer: *Corona-Impfungen,* a. a. O., S. 111.

74 »Die Grobstofflichkeit ist alles das, was der Mensch mit seinen irdischen Augen sehen kann, was er irdisch fühlt und hört. Dazu gehört auch jenes, was er durch Vermittlung irdischer Hilfsmittel sieht und bei weiteren Erfindungen noch sehen wird. Wie zum Beispiel alles durch das Mikroskop Gesehene. Es ist das Grobstoffliche nur eine bestimmte Art der Stofflichkeit. Das große Gebiet der gesamten Stofflichkeit umfaßt aber mehrere Arten, die unter sich von Grund aus ganz verschieden sind, und deshalb sich nie miteinander vermischen.« (Abd-ru-shin: *Im Lichte,* a. a. O., S. 302) Es handelt sich quasi um eine abgestufte Form von Materialität, die »nach oben« hin immer weniger wird, um schließlich einer reinen Geistigkeit Platz zu machen.

75 Bettina Gruber: *Romantischer Okkultismus als Religion, Wissenschaft, Literatur,* Paderborn 2000.

76 Robin Kaiser: »Auswirkung der RNA-Impfstoffe«, in: markneukirchen-politik.de vom 27. April 2021 (abgerufen am 27. Mai 2023); Teilabdruck bei Mayer: *Corona-Impfungen,* a. a. O.

77 Vgl. Mayer: *Corona-Impfungen,* a. a. O., S. 322 f.

78 Vgl. Fußnote 70

79 James Webb: *Das Zeitalter des Irrationalen. Politik, Kultur und Okkultismus im 20. Jahrhundert,* hrsg. von Marco Frenschkowski und Michael Siefener, Wiesbaden 2008, S. 76.

80 James Webb: *Die Flucht vor der Vernunft. Politik, Kultur und Okkultismus im 19. Jahrhundert,* hrsg. von Marco Frenschkowski und Michael Siefener, Wiesbaden 2009, S. 76.

81 Ebd., S. 79.

82 Ebd., S. 462.

83 Ebd., S. 465. Der »Mapah« war ein das Androgyne preisender Visionär, der seinen Künstlernamen deshalb aus »Maman« und »Papa« zusammengesetzt hatte.

84 Ulrich Linse: *Geisterseher und Wunderwirker. Heilssuche im Industriezeitalter,* Frankfurt am Main 1996, S. 12 f.

85 Vgl. Christian Jakob: »Ursprünge der Impfskepsis. Eine deutsche Besonderheit«, unter: taz.de vom 20. Dezember 2021 (abgerufen am 27. Mai 2023).

86 Webb: *Zeitalter,* a. a. O., S. 77.

87 Vgl. Andreas Speit: *Verqueres Denken. Gefährliche Weltbilder in alternativen Milieus,* Berlin [2]2022.

88 Nora Feline Pösl: *Von Homöopathie und Handauflegen zur Hassideologie? Zum Verhältnis von alternativen Heilmethoden zu Verschwörungstheorien, Esoterik und rechten Ideologien,* Hamburg 2020.

89 Pösl schrieb denn auch für die »Volksverpetzer« einen Artikel zu ihrer Arbeit, und zwar unter dem noch drastischeren Titel »Corona-Querfront: Von Homöopathie & Handauflegen zur Holocaustrelativierung?«, unter: volksverpetzer.de vom 25. Mai 2020 (abgerufen am 27. Mai 2023): »Verschwörungstheorien vereinfachen komplexe gesellschaftliche Verhältnisse ebenfalls enorm und greifen auf ähnliche Strategien der Abgrenzung zurück: Durch einen schwarz-weiß-Dualismus wird ein klares Feindbild konstruiert, welches für alle sozialen und persönlichen Probleme und Ängste verantwortlich gemacht werden kann.« Das bezieht sich allerdings offenbar nicht auf die Verschwörungstheorie, der zufolge hinter jedem Busch ein Impfgegner-Nazi sitzt, der als klares Feindbild für alle sozialen und persönlichen Probleme und Ängste verantwortlich gemacht werden kann. Wo hier eine »Holocaustrelativierung« ins Spiel kommt, bleibt unklar.

90 Vgl. *Compact Spezial,* Sonderausgabe Nr. 28: »Die Querdenker. Liebe und Revolution«.

91 »Über Morgaine«, www.morgaineofficial.com (abgerufen am 27. Mai 2023).

92 Passend dazu wies soeben *JF*-Autor Dietmar Mehrens auf den engen Zusammenhang zwischen dem New Age-Denken und woken, grünen und Genderideologien hin. »Erschreckend vieles, bei dem heute die Ampel auf Grün steht, hat nämlich seinen gedanklich-ideellen Ursprung bei den Adepten des neuen Zeitalters. Obwohl das New Age-Denken also tief eingeschrieben ist in die grüne DNA, als religiöse Sekte hat die Ökofundamentalisten in Anbetracht ihrer realpolitischen Aushängeschilder kaum jemand auf dem Schirm. Es empfiehlt sich daher, das Parteiprogramm der Grünen neben die Agenda der Wassermann-Esoteriker zu legen, um dann eins zu eins die Übereinstimmungen abzuhaken.« Dietmar Mehrens: »Komm mit ins Regenbogenland!«, in: *Junge Freiheit* Nr. 26, 23. Juni 2023. Über die beliebte Einstufung grüner Ideologie als Religion lässt sich streiten, da ihr ein

genuines Transzendenz-Versprechen fehlt. Nichtsdestoweniger: Bedenkt man, wie viele esoterische Vorstellungen zum eisernen Bestand grünalternativer Lebenswelten gehören, zeigen sich die Versuche, hier einen speziell rechten Irrationalismus zu konstruieren, als das, was sie sind: eine Praxis zur Diffamierung tatsächlicher oder vermeintlicher politischer Gegner.

93 Daniel Pföhringer: »Der Sound der Freiheit. Im Spektrum der Querdenker hat sich eine eigene Musikszene gebildet. Die ist so vielfältig wie die Bewegung selbst«, in: *Compact Spezial,* Sonderausgabe Nr. 28.

94 Vgl. Selbstbeschreibung der Internationalen Gralsbewegung unter: gralsbewegung.net (abgerufen am 27. Mai 2023).

95 AnthroWiki: Artikel »Karma«, »Individuelles Karma und Gemeinschaftskarma«, unter: anthrowiki.at (abgerufen am 27. Mai 2023).

96 Detlev Pollak, Gergely Rosta (Hrsg.): *Religion in der Moderne. Ein internationaler Vergleich,* Frankfurt am Main/New York [2]2022, S. 138.

97 Vgl. Thomas König: *The New Age Movement: Genesis of a High Volume, Low Impact Identity,* European University Institute Fiesole, Diss. 2000.

Biographie

Bettina Gruber, Dr. phil. habil., Literatur- und Kulturwissenschaftlerin, Ernennung zur außerplanmäßigen Professorin 2005, langjährige universitäre Lehrerfahrung im In- und Ausland. Freie Publizistin seit 2017, Stammautorin von *TUMULT. Vierteljahresschrift für Konsensstörung.* Autonyme und pseudonyme Beiträge für zahlreiche Periodika des konservativen und rechten Spektrums. Sophie Liebnitz für Antaios und *Sezession.*

Bibliographie (Auswahl)

Letzte Buchveröffentlichungen:

Bettina Gruber: *Leben unterm Regenbogen. Das neue Geschlechterregime und seine Folgen,* Edition Sonderwege bei Manuscriptum 2020.

Sophie Liebnitz: *tote weiße männer lieben,* Antaios 2018 (= *reihe kaplaken* 52);
Antiordnung, Antaios 2020 (= *reihe kaplaken* 70);
Antiweiß. Ein Kulturkampf, Antaios 2021 (= *reihe kaplaken* 77)

EXIL in der edition buchhaus loschwitz
6. Staffel

3 Bände im Paket (ISBN 978-3-9824237-4-6 | 53 €)

Tobias Becker *Die Rückkehr des Schmerzes. Ein Befund*
Klappenbroschur | 200 S. | ISBN 978-3-9824237-5-3 | 19 €
Tobias Becker widmet sich in seinem Essay dem Schmerz, dies ausgehend von Ernst Jüngers Schmerzbegriff als einem »Signum der Epoche«. »Eigentlich ist nichts mehr, wie es war. Zukünftig soll sogar noch weniger so sein, wie es war. Es scheint also, als ob sich die Fragen, die sich Jünger vor hundert Jahren stellte, wieder stellten.«

Cora Stephan *Im Drüben fischen. Nachrichten von West nach Ost*
Klappenbroschur | 120 S. | ISBN 978-3-9824237-7-7 | 17 €
Cora Stephans versammelte Texte aus den ersten Jahren nach Wende und Wiedervereinigung zeugen von politischer Klarheit und einem unverstellten Blick auf den Osten Deutschlands. »Hinschauen – im eigenen Interesse, nicht aus Stellvertretermitleid mit den armen ›Zonis‹. Denn natürlich: sie sind grad so, wie man sie sich immer vorgestellt hatte.«

Stephan Krawczyk *TAU. Betrachtungen*
Klappenbroschur | 272 S. | ISBN 978-3-9824237-6-0 | 19 €
Stephan Krawczyks Notizen sind Gedankensplitter, die in alle Richtungen aus einem gelebten Tag springen. »Die Behauptung, es sei Demokratie, und man müsse die Demokratie stärken, ist im Grunde dasselbe, wie die Behauptung, es sei Sozialismus, und man müsse den Sozialismus stärken. Beides ist für die Machthaber ein Feigenblatt, egal auf welchem Wort sie an die Macht geritten sind.«

EXIL in der edition buchhaus loschwitz
5. Staffel

3 Bände im Paket (ISBN 978-3-9824237-0-8 | 49 €)

Konrad Adam *Gräben. Was zur Einheit fehlt*
Klappenbroschur | 152 S. | ISBN 978-3-9824237-1-5 | 17 €
Der erfahrene, konservative Journalist und temporär agierende *homo politicus* Konrad Adam ist an den Gräben entlang gegangen, die unser Land seit drei Jahrzehnten durchziehen, die Aufbruchstimmung getrübt und die Menschen getrennt haben. Er plädiert für eine Rückbesinnung auf gemeinsame Werte, basierend auf Bildung und Traditionen, die Mut machen und die Kraft zu Veränderung aufbringen.

Frank Böckelmann *Erkenne die Lage! Expeditionen ins Verdrängte*
Klappenbroschur | 168 S. | ISBN 978-3-9824237-2-2 | 19 €
Frank Böckelmann, langjähriger Herausgeber der vogelfreien Zeitschrift *TUMULT*, sucht für seine Editorials in jeder Ausgabe nach dem, was in der aktuell geführten Debatte ausgeblendet oder verdrängt wird. Seine Funde sind ebenso verblüffend wie einleuchtend. Manche von ihnen haben sich bis heute nicht herumgesprochen. Das erklärt den Reiz der vorliegenden Auswahl von Texten aus den Jahren 2015 bis 2020.

Antje Hermenau *Das große Egal. Essay*
Klappenbroschur | 112 S. | ISBN 978-3-9824237-3-9 | 17 €
Die frühere Realpolitikerin Antje Hermenau ist lange das ostdeutsche Gesicht der Grünen gewesen. Bis zu dem Zeitpunkt, als sie sich eingestehen musste, dass auch diese Partei keine volksnahe Partei sein möchte. Der Essay *Das große Egal* ist damit auch eine profunde Bilanz dessen, was jedwede Partei nach Wahlen nicht bereit ist zu leisten und zugleich eine kurzweilige Anleitung zum Umgang mit dem Prophetischen von Geschichte und ihren Erzählern.

EXIL in der edition buchhaus loschwitz
4. Staffel

3 Bände im Paket (ISBN 978-3-9823005-8-0 | 49 €)

Eberhard Straub *Europa. Ein ungesicherter Begriff*
Klappenbroschur | 104 S. | ISBN 978-3-9823005-5-9 | 17 €
Das Brüssel-Europa widerspricht sämtlichen europäischen Überlieferungen praktischer Weltklugheit. Jetzt wollen Funktionäre Einheit und nicht Einigkeit, Monotonie statt Polyfonie, die Gleichheit der Lebensverhältnisse, des Denkens und Wünschen und Wollens, sie möchten die Freiheit ersticken (. . .). Vom Geist und seiner Geschichte in Europa ist nicht mehr die Rede. (Eberhard Straub)

Thor Kunkel *Der Weg der Maschine. Annäherungen an den kybernetischen Sozialismus. Riskante Essays*
Klappenbroschur | 144 S. | ISBN 978-3-9823005-4-2 | 17 €
Abklärung statt Aufklärung, Durchdringungsmut statt Konformität: In seinen riskanten Essays gräbt sich Kunkel unter die Oberfläche der bunten One World, um aufzuzeigen, was sich dahinter verbirgt: ein sozialistisch vereintes Europa – nach dem Modell einer renovierten, kybernetisch gelenkten DDR 2.0.
Das Lesen von Kunkels Essays ist im heutigen Deutschland nicht weniger riskant als das Schreiben!

Rolf Stolz *Die Schärfe des Lachens: Wilhelm Busch*
Klappenbroschur | 152 S. | ISBN 978-3-9823005-6-6 | 17 €
Rolf Stolz beschreibt Wilhelm Busch als einen kritischen Realisten, »der vom Leben ausgeht und nicht von Wunschträumen, die den gerade Herrschenden ins Konzept passen oder die ausweichen in utopische Luftschlösser eines neuen Menschen und einer paradiesisch gerechten Welt.« Eine notwendige und vergnügliche Erinnerung an den Künstler und Autor Wilhelm Busch im Zeitalter von *political correctness.*

EXIL in der edition buchhaus loschwitz
3. Staffel

3 Bände im Paket (ISBN 978-3-9822049-9-4 | 53 €)

Ulrich Schacht *Im Schnee treiben. Essays zum poetischen Weltverständnis*
Klappenbroschur | 264 S. | ISBN 978-3-9822049-7-0 | 19 €
Der 70. Geburtstag des zu früh verstorbenen Ulrich Schacht ist Anlass, diesem temperamentvollen Kämpfer und sinnlichen Beobachter einen Essayband zu widmen. Schacht zeigt sich hier als ein Dichter, der die Natur zum Mittelpunkt seines Denkens und Ahnens macht. Der hohe Norden öffnete sich dem Theologen als poetisch schweigender Ort. Eine Hommage an das Sein in Landschaft und Welt, ein nachgelassener Schatz mit einem Vorwort von Heimo Schwilk.

Matthias Matussek *Außenseiter. Von Rebellen, Heiligen und Künstlern auf der Klippe*
Klappenbroschur | 216 S. | ISBN 978-3-9822049-6-3 | 19 €
Außenseiter sind, obgleich aus der Gesellschaft ausgeschlossen, dennoch ein Teil dieser Gemeinschaft. Und nach langen Jahren der Ausgrenzung, des Verhöhnens und der Diffamierung sind es oft plötzlich bewundernswerte Helden, die maßgeblich für Epochen, Strömungen und Zeiten stehen. Ein literarisches Helden-Kaleidoskop von Heine bis Joyce, von Syberberg bis Eastwood.

Thomas Naumann *Auf zum Letzten Gefecht*
Klappenbroschur | 264 S. | ISBN 978-3-9822049-8-7 | 19 €
Anhand von zwei Exil-Schriftstellern, Bertolt Brecht und Friedrich Wolf, setzt sich Thomas Naumann mit der immer währenden Utopie, dem Streben nach dem Neuen Menschen auseinander. Das Heilsversprechen, gründend auf der christlichen Idee, zeigt er entlang des Werkes Brechts, der sich sehr großzügig aus dem Reichtum der Bibel bediente, auf. Beim Kommunisten und Dramatiker Friedrich Wolf sieht Thomas Naumann als letztgeborener Sohn Wolfs dessen messianischen Eifer, der antreibt und gläubig irreführt. Der Ruf nach einer besseren, einer guten Neuen Welt war immer der Boden für Knechtschaft, Unterdrückung und Totalitarismus – das blutige 20. Jahrhundert steht hier nur beispielgebend.

EXIL in der edition buchhaus loschwitz
2. Staffel

3 Bände im Paket (ISBN 978-3-9822049-5-6 | 49 €)

Bernd Wagner *Mao und die 72 Affen*
Klappenbroschur | 232 S. | ISBN 978-3-9822049-0-1 | 19 €
Die Weltgeschichte muß umgeschrieben werden! Mao ist nicht gestorben, sondern wurde 1965 von einem daoistischen Priester in den Zustand der Unsterblichkeit versetzt, während ein Doppelgänger seine Geschäfte weiter führte. Und nicht nur das: mit Hilfe der magischen Zwiebeln des Daoisten kann er die Astralkörper der führenden Politiker beschwören und so die Weltpolitik in seinem Sinne manipulieren: vom Zusammenbruch des Sowjetreiches über die Flüchtlingskrise bis hin zum Ausbruch der Pandämonie, »Corona« geheißen. Eine bittere Satire.

Angela Wierig *Pawlowsche Idioten*
Klappenbroschur | 120 S. | ISBN 978-3-9822049-1-8 | 17 €
Der wohlgesonnenen Umschreibung, dass der Mensch die »Krone der Schöpfung« wäre steht Arthur Koestlers sinnige Analyse, den Mensch als »Irrläufer der Evolution« zu bezeichnen, gegenüber. Denn dort besagte Kluft zwischen Denken und Handeln beschäftigt auch Angela Wierig, wenn sie über den Siegeszug der Dummheit referiert und ihre These vom Homo insipiens, dem Törichten und Unwissenden fokussiert abhandelt.

Eva Rex *Rettet den gesunden Menschenverstand!*
Klappenbroschur | 112 S. | ISBN 978-3-9822049-2-5 | 17 €
Mit dem 1951 erschienenen Buch *Elemente und Ursprünge totaler Herrschaft* hat Hannah Arendt einen fundamentalen Schlüssel für die Totalitarismus-Forschung gelegt. Eva Rex stellt Arendt nun in den Kontext der Aufklärung: »Sapere aude«. »Rettet den gesunden Menschenverstand!« heißt damit vor allem eins, sich den totalitären Zwängen einer Mehrheitsgesellschaft zu widersetzen.

EXIL in der edition buchhaus loschwitz
1. Staffel

3 Bände im Paket (ISBN 978-3-9820131-9-0 | 49 €)

Uwe Tellkamp *Das Atelier*
Klappenbroschur | 112 S. | ISBN 978-3-9820131-8-3 | 17 €
Bilder mit Worten malen – man könnte meinen, dies geschähe, liest man Tellkamps Texte. *Das Atelier* gewährt faszinierende Einblicke in die Bilder und Welt der sächsischen –insbesondere Dresdner – Kunstszene, freilich nicht als Report oder schieres Abbild, sondern als Dichtung und Wahrheit: auf irisierende Weise stets auch das Ganze bedenkend.

Monika Maron *Krumme Gestalten, vom Wind gebissen. Essays aus drei Jahrzehnten*
Klappenbroschur | 112 S. | ISBN 978-3-9820131-6-9 | 17 €
Monika Marons neuer Essay-Band vereinigt unbestechliche und genaue Betrachtungen zu Land und Leuten, Mensch und Hund, aber auch zu dem, was uns täglich beschäftigt, sei es das Altern oder die nicht immer erfreuliche Lektüre der Medien.

Jörg Bernig *An der Allerweltsecke. Essays*
Klappenbroschur | 160 S. | ISBN 978-3-9820131-7-6 | 19 €
»So'ne Geschichten« sind das, was uns der Lyriker und Romancier Jörg Bernig in seinen Essays erzählt – er nimmt uns mit auf seine Streifzüge auf den Balkan und ins östliche Mitteleuropa, in Zonen der Verwerfungen und Brüche, zugleich auf fruchtbare Äcker, aus denen die kulturelle Vielfalt Europas wächst.